养老金 100 问系列丛书

个人养老金 100 问

俞文宏　主　编

中国劳动社会保障出版社

图书在版编目(CIP)数据

个人养老金 100 问 / 俞文宏主编 . -- 北京：中国劳动社会保障出版社，2024. --（养老金 100 问系列丛书）. ISBN 978-7-5167-6690-3

Ⅰ . F249.213.4-44

中国国家版本馆 CIP 数据核字第 2024N5J963 号

中国劳动社会保障出版社出版发行

（北京市惠新东街 1 号　邮政编码：100029）

*

河北宝昌佳彩印刷有限公司印刷装订　　新华书店经销

880 毫米 ×1230 毫米　32 开本　6 印张　136 千字
2024 年 10 月第 1 版　　2024 年 10 月第 1 次印刷
定价：36.00 元

营销中心电话：400-606-6496
出版社网址：http://www.class.com.cn

版权专有　　　侵权必究

如有印装差错，请与本社联系调换：（010）81211666
我社将与版权执法机关配合，大力打击盗印、销售和使用盗版图书活动，敬请广大读者协助举报，经查实将给予举报者奖励。
举报电话：（010）64954652

编审委员会

主　任：刘东耀
副主任：俞文宏　王海峰　李连仁
委　员：（按姓氏笔画排序）
　　　　王德英　许　鑫　孙明霞　张再新　陈文宇
　　　　郑　科　姚　俊　姚余栋　夏　凡　高　莺
　　　　梁景瑞　蔡　华　谭广锋

本书编写人员

主　编：俞文宏
编　者：（按姓氏笔画排序）
　　　　王　勇　王严严　牛　恒　亢　翔　齐爱军
　　　　李琳琳　邱伟胜　宋　珂　陈扬扬　易桉同
　　　　周　宵　曹　晶　盛成成　梁　晨　程　晨

指导单位：深圳市投资基金同业公会
执行单位：深圳市投资基金同业公会养老金专业委员会

前　言

有备而老　老而有备

　　老有所养、老有所依、老有所安、老有所乐，这是千百年来我国老百姓最朴素的心愿。数据显示，截至 2023 年年底，我国 60 岁及以上人口达 2.97 亿人，占总人口的比重达 21.1%。其中 65 岁及以上人口达 2.17 亿人，占总人口的比重达 15.4%。这意味着我国已经进入深度老龄化社会。未来，随着我国老年人口规模日益增大、人口老龄化程度不断加深，如何积极应对人口老龄化问题，让所有老年人都拥有一个幸福美满的晚年，已经成为事关国家经济社会发展全局性、长期性和战略性，事关社会大众安全感、获得感和幸福感的重要议题。

　　党的十八大以来，我国养老规划顶层设计不断加强，多层次社会保障体系不断完善，以企业年金、职业年金为主体的养老保险第二支柱，以及以个人养老金为主体的养老保险第三支柱日益成为构建和丰富我国养老保险体系三大支柱的重要力量。在这样的背景下，深圳市投资基金同业公会依托养老金专业委员会，编写了这套"养老金 100 问系列丛书"。

　　这套"养老金 100 问系列丛书"包括三本，分别是《企业年金 100 问》《职业年金 100 问》《个人养老金 100 问》。每本书都整合了相应政策和实务要点，以问答的形式解答大家关心的养老问题。丛书框架的搭建、内容的设置、版面的设计都经过精心的筹划和安排，并以深入浅出、生动有趣的问答方式普及养老金相关知识，指导相关业务。

这套"养老金100问系列丛书"，既是宣传册，通过介绍养老金基本知识来提高公众对养老问题的认知和理解；又是工具书，通过分享养老金政策和实务要点，让公众更加准确地了解养老金投资和管理的特点。

我们期待丛书能够成为连接政策、市场与社会的桥梁，为推动我国养老保险体系的持续完善贡献力量。我们期待读者能够通过阅读对自身的养老问题有更深刻的认识，并在实际生活中作出更明智的养老规划。

在丛书的编写过程中，我们得到了政府部门、学术机构、行业协会以及众多专家学者的大力支持，收到很多宝贵意见。在此，我们向所有参与和支持本丛书编写的组织和个人表示最诚挚的感谢。

丛书百问，前瞻谋划"有备而老"；丛书百答，"老而有备"颐养天年。

深圳市投资基金同业公会

2024年6月30日

目 录

第一部分 养老趋势

1 / 第 1 问
世界范围内人口老龄化及养老发展趋势是怎样的?

2 / 第 2 问
个人养老金在世界各国(地区)养老保险体系中的地位如何?

2 / 第 3 问
我国的人口老龄化趋势是怎样的?

5 / 第 4 问
当前我国城乡居民养老收入结构及面临的问题有哪些?

5 / 第 5 问
目前我国养老保险体系由哪些部分组成?

10 / 第 6 问
为什么我国目前大力支持个人养老金的发展?

11 / 第 7 问
个人养老金将在促进经济发展和社会稳定方面发挥什么作用?

12 / 第 8 问
个人养老金入市对资本市场有何影响?

13 / 第 9 问
个人养老金的发展趋势对个人和家庭有何影响?

14 / 第 10 问
人口老龄化趋势对资产配置策略有何影响?

16 / 第 11 问
机构投资者可以采取哪些措施助力个人养老金的推行?

17 / 第 12 问
个人养老金制度目前推进进展如何?是否会全面实施?

18 / 第 13 问
随着养老金融市场的不断扩张,金融机构如何构建一个系统化、专业化的养老金融人才培养体系,以满足未来养老金融市场快速发展的需求?

第二部分　政策普及

20 / 第 14 问
目前有哪些个人养老金相关政策？

22 / 第 15 问
个人养老金主管部门有哪些？

23 / 第 16 问
为何要建立健全个人养老金制度？

25 / 第 17 问
推动个人养老金发展有何重要意义？

26 / 第 18 问
个人养老金政策的制定遵循什么原则？

26 / 第 19 问
根据政策规定，已缴纳的个人养老金将如何进行管理？有哪些主体参与？

27 / 第 20 问
开展个人养老金业务的商业银行和理财公司有哪些？需要满足什么资质要求？

28 / 第 21 问
哪些机构可以开展个人养老金产品的发行及销售？

31 / 第 22 问
个人养老金政策对资金的投资范围有何限制？

33 / 第 23 问
个人养老金政策对管理机构有哪些信息保管要求？

34 / 第 24 问
个人养老金政策对管理机构有哪些信息披露要求？

37 / 第 25 问
个人养老金政策如何保障个人投资者的权益？

40 / 第 26 问
个人养老金政策如何引导各机构开展个人养老金资金投资工作？

41 / 第 27 问
个人养老金政策对各机构内部控制有何要求？

43 / 第 28 问
个人养老金政策规定了哪些针对个人养老金产品管理销售机构的监管要求？

46 / 第 29 问
根据个人养老金政策规定，哪些人可以投资个人养老金？

47 / 第 30 问
参加个人养老金有哪些时间限制？

47 / 第 31 问
个人养老金有哪些额度限制？

47 / 第 32 问
个人养老金账户资金什么时候可以领取？

48 / 第 33 问
个人养老金账户是否可以变更？有何条件？

48 / 第 34 问
个人养老金如何领取？

49 / 第 35 问
个人养老金是否可以提前领取？

49 / 第 36 问
若参加人已达到个人养老金领取年龄，但持有的个人养老金产品未到期，是否可以赎回？

50 / 第 37 问
个人养老金账户是否可以继承？如何继承？

50 / 第 38 问
个人养老金有哪些税收优惠？

51 / 第 39 问
个人养老金政策对已缴纳的社会保险和年金有何影响？

第三部分　业务指引

52 / 第 40 问
如何确定自身是否有必要投资个人养老金？

53 / 第 41 问
如何开始规划自身的个人养老金？

54 / 第 42 问
参加个人养老金需要开立哪些账户？它们有什么区别？

55 / 第 43 问
哪些渠道可以开立个人养老金账户、个人养老金资金账户？

57 / 第 44 问
开立个人养老金账户需要准备哪些材料？有哪些具体流程？

58 / 第 45 问
如何开立个人养老金资金账户？有哪些具体流程？

59 / 第 46 问
个人养老金如何缴存？

59 / 第 47 问
个人养老金账户中缴存的资金如何使用？是否可以不投资于金融产品？是否可以随时调整？

60 / 第 48 问
个人养老金基础信息如何查询？具体可以查到哪些信息？

61 / 第 49 问
如何查看个人养老金账户明细及投资收益？

62 / 第 50 问
参加个人养老金需要缴纳哪些费用？

64 / 第 51 问
如何计算个人可以获得的个人养老金税收优惠金额？

64 / 第 52 问
个人养老金缴费如何扣除？

65 / 第 53 问
如何申报个人养老金税收优惠？需要准备哪些材料？

66 / 第 54 问
如何办理个人养老金的领取？

67 / 第 55 问
如何变更个人养老金账户？

68 / 第 56 问
如何办理个人养老金的继承？

69 / 第 57 问
商业银行应该为个人养老金投资者提供哪些服务？

70 / 第 58 问
商业银行与个人养老金产品的发行机构如何进行合作？

第四部分　产品选择

72 / 第 59 问
个人养老金参加人应该如何分配个人养老金资金账户中的资金？

73 / 第 60 问
各类型的个人养老金产品有何特征？

74 / 第 61 问
不同大类的个人养老金产品的投资收益及风险特点如何？

75 / 第 62 问
投资个人养老金基金有哪些额外的税收或费用优势？

76 / 第 63 问
如何挑选合适的个人养老金产品？

76 / 第 64 问
如何构建个人养老金投资组合？

77 / 第 65 问
如何了解、理解个人的风险承受能力？

79 / 第 66 问
如何应对未来不确定的市场条件，准备充足的养老金？

80 / 第 67 问
个人养老金产品的期限如何界定？哪些产品具有时间上的限制？

81 / 第 68 问
个人养老金储蓄存款的选择范围

是什么？如何进行选择？

81 / 第 69 问

选择个人养老金理财产品时，需要获取哪些文件？如何获取？需要重点关注哪些信息？

83 / 第 70 问

如何评估个人养老金理财产品的预期收益？

84 / 第 71 问

如何评估个人养老金理财产品的风险？

84 / 第 72 问

选择个人养老金保险产品时，需要获取哪些文件？如何获取？需要重点关注哪些信息？

86 / 第 73 问

如何选择适合自己的个人养老金基金产品？

87 / 第 74 问

如何评估个人养老金基金产品的收益水平？

88 / 第 75 问

如何评估个人养老金基金产品的

风险水平？

89 / 第 76 问

如何多维度深入考察基金产品？

90 / 第 77 问

养老目标日期基金和养老目标风险基金有何区别？

91 / 第 78 问

如何选择不同持有期的养老目标基金？

92 / 第 79 问

与其他类型的个人养老金产品相比，养老 FOF 基金的优势在哪里？

93 / 第 80 问

什么是 Y 类份额？

94 / 第 81 问

与其他份额相比，Y 类份额有何特征？

95 / 第 82 问

如何根据经济形势调整个人养老金产品投资策略？需要关注哪些指标？

第五部分　投资者教育问答

97 / 第 83 问

养老金融与资本市场的发展关系是什么样的？

98 / 第 84 问

为什么要进行个人养老金投资？

98 / 第 85 问
个人养老金产品与商业养老保险有什么区别？

99 / 第 86 问
为什么要坚持长期投资？

100 / 第 87 问
长期业绩和短期业绩哪个更重要？

101 / 第 88 问
投资个人养老金产品有哪些风险？

102 / 第 89 问
何时应该考虑调整或转换个人养老金产品？

103 / 第 90 问
基金如何给投资人带来收益？

104 / 第 91 问
红利再投资与现金分红两种方式有何不同？基金应该选择现金分红还是红利再投资？

105 / 第 92 问
什么是基金的认购、申购、赎回、转换、买入、卖出？

106 / 第 93 问
什么是基金评级？

106 / 第 94 问
什么是基金份额净值？

107 / 第 95 问
什么是基金的累计净值和复权净值？

107 / 第 96 问
为什么基金成立后会有封闭期？

108 / 第 97 问
为什么有的基金会暂停申购或限制申购？

108 / 第 98 问
衡量基金投资风险有哪些重要指标？

111 / 第 99 问
基金产品的风险等级是如何划分的？

112 / 第 100 问
个人养老金产品管理机构应当履行哪些投资者的教育职责？

附件一	关于推动个人养老金发展的意见………………………	115
附件二	个人养老金实施办法……………………………………	119
附件三	关于个人养老金有关个人所得税政策的公告…………	129
附件四	个人养老金投资公开募集证券投资基金业务管理暂行规定…	131
附件五	个人养老金基金行业平台运作管理暂行办法…………	141
附件六	个人养老金基金行业平台业务指引……………………	145
附件七	商业银行和理财公司个人养老金业务管理暂行办法…	161
附件八	关于保险公司开展个人养老金业务有关事项的通知…	176

第一部分

养老趋势

第 1 问　世界范围内人口老龄化及养老发展趋势是怎样的？

世界范围内的人口老龄化呈现显著且不可逆的趋势。根据联合国发布的《2022年世界人口展望》，65岁及以上人口的增长速度超过了65岁以下人口的增长速度。预计到2050年，全球65岁及以上人口占比将从2022年的9.7%上升到16.4%，全球人口预期寿命将达到77.2岁。这一趋势将对全球社会和经济结构产生深远影响。

随着人口老龄化的加剧，养老产业的发展也呈现出新的趋势。以下是一些关键点。

趋势一：养老产业市场规模扩张。 随着人口老龄化的加剧，养老服务需求不断扩大，养老产业市场规模持续扩张。

趋势二：养老服务模式创新。 护理服务和医疗服务的结合成为养老行业发展的主要方向。同时，智慧养老模式通过整合新技术与养老资源，提升了老年人的生活品质。

趋势三：政策支持和投资增加。 各国（地区）政府积极出台相关政策，鼓励养老产业的发展，并提供资金支持。

趋势四：养老金制度改革。面对人口老龄化带来的挑战，许多国家（地区）在养老金制度上进行了改革，以确保养老金的可持续性。

趋势五：社会养老服务体系建设。多国（地区）政府积极构建智慧养老服务体系，通过技术手段提高养老服务的效率和质量，实现养老资源的有效对接和优化配置。

趋势六：国际合作与交流。在应对人口老龄化的问题上，国际合作和经验交流变得日益重要。各国（地区）通过分享最佳实践经验和策略，共同应对人口老龄化带来的挑战。

第 2 问　个人养老金在世界各国（地区）养老保险体系中的地位如何？

个人养老金在世界各国（地区）的养老保险体系中占据重要的地位，它是构成多支柱养老保险体系的关键部分。

在一些国家，如美国，第三支柱的个人退休账户为个人提供了丰富的投资选择和税收优惠，成为养老资金的重要来源；如丹麦，个人养老金计划也通过税收优惠等方式受到政府的鼓励和支持，以增强养老保险体系的可持续性。

不同国家（地区）的养老保险体系发展水平和覆盖率存在差异。例如，经济合作与发展组织（OECD）国家的数据显示，养老金资产占国内生产总值（GDP）的比重在不同国家（地区）间有着显著不同，这反映了各国（地区）养老保险体系的发展水平和它们对未来人口老龄化挑战的准备程度。

第 3 问　我国的人口老龄化趋势是怎样的？

改革开放以来，我国经济实现了持续高速增长，我国逐渐成长为最大的制造中心、全世界第二大经济体。这一成就的取得，人口红利在其中发挥了关键性的作用。然而，根据万德数据库，我国15~64岁劳动年龄人口自2013年达到10.10亿人的峰值后，开始呈现下降趋势。

据国家统计局统计，2023年我国60岁及以上人口数量达到了2.97亿人，占总人口的21.1%，而65岁及以上人口也达到了2.17亿人，占比达到15.4%，均显著高于全球平均水平。国家卫生健康委预计，到2035年左右，我国60岁及以上人口将突破4亿人，占比将超过30%。

我国人口老龄化目前主要呈现四大趋势：规模大、速度快、高龄化、养老负担加重。

趋势一：我国老年人口规模大。全球每4个老年人中就有1个中国人，老年人口数量将长期保持世界第一位。 1964—2020年，我国65岁及以上人口占全球老年人口比重从15.5%上升至24.1%，接近全球每4个老年人中就有1个中国人。根据《中国老龄化研究报告》，预计到2035年和2050年，我国65岁及以上人口将分别达到3.27亿人和3.93亿人，占全球老年人口的比重将分别达到21.8%和26.2%。预计我国65岁及以上人口将持续增长至2057年4.25亿人的峰值，然后逐渐减少。在总和生育率为1.0、1.2、1.6的假设下，2057年我国65岁及以上人口占比将分别达到37.6%、35.9%、32.9%。

趋势二：我国老龄化速度快。随着1962—1975年第二轮婴儿潮出生人口逐渐衰老并接近生命终点，未来30多年我国人口老龄化程度将快速深化。 我国于2000年进入65岁及以上人口占比超过7%的老龄化社会，并且已于2021年，即仅用21年就进入65岁及以上人口占比超过14%的深度老龄化社会，根据《中国老龄化研究报告》，预计再过11年，即2032年前后进入 65 岁及以上人口占比超过 20% 的超级老龄化社会。从发达经济体情况看，从老龄化社会到深度老龄化社会，法国用了 126 年（1864—1990 年），英国用了 46 年（1929—1975 年），德国用了 40 年（1932—1972 年），日本用了 24 年（1971—1995 年）；从深度老龄化社会到超级老龄化社会，法国用了 28 年（1990—2018 年），德国用了 36 年（1972—2008 年），日本用了 11 年（1995—2006 年）。

趋势三：**高龄化、空巢老年人问题日益突出，80 岁及以上人口将持续增至 2074 年的约 2.1 亿人，空巢老年人尤其是独居老年人数量增长问题尤为突出**。老年人口分为 80 岁以下的低龄老年人和 80 岁以上的高龄老年人，前者健康水平较高，后者健康水平较低。2010—2020 年，我国 80 岁及以上人口从 2 099 万人增至 3 580 万人，占总人口比重从 1.6% 增至 2.5%。根据《中国老龄化研究报告》，预计到 2035 年和 2050 年，我国 80 岁及以上人口将分别增至 8 256 万人和 15 962 万人，占总人口比重分别约为 6% 和 12%。根据《第四次中国城乡老年人生活状况抽样调查成果》，2015 年我国失能、半失能老年人总量约为 4 063 万人，空巢老年人人数突破 1 亿人。这将严重弱化家庭养老的功能，祖辈和子代两地分居，子代对祖辈的照顾多出自经济支持，而生活照护、情感支持等家庭养老保障则明显减少。

趋势四：**老年抚养比攀升、少儿抚养比下滑，养老负担加重**。2020 年老年抚养比为 19.7%。所谓老年抚养比，是指人口中 65 岁及以上人口数与劳动年龄人口数之比。这意味着目前平均 5 名年轻人要抚养一位老年人。根据《中国老龄化研究报告》，假设鼓励生育政策引起全社会广泛响应，我国相应的财政支出达到其他发达国家平均水平，总和生育率 1.2 是最有可能发生的一种情形，预计 2050 年我国老年抚养比将达到 53.2%，即每两名年轻人需要承担抚养一位老年人的责任。① 除沉重的养老负担外，我国小孩高昂的养育成本也让年轻人"两头承压"，社会生育意愿不强导致少儿抚养比下滑，年轻人口规模萎缩，社会养老负担进一步加重。

第 4 问　当前我国城乡居民养老收入结构及面临的问题有哪些？

问题一：城乡差距依然存在。农村老年人的养老金水平普遍落后于城镇，农村老年人的基础养老金仅为城镇职工养老金的一小部分。

问题二：覆盖不够均衡。企业年金覆盖范围狭窄，主要集中在大城市和经济效益较好的国有企业，民营企业参与度较低。

问题三：个人缴费意愿不强。由于收入水平限制，农村居民对个人账户的缴费意愿不强，导致养老金积累不足。

问题四：养老服务质量有待提高。农村老年人的养老服务质量相对不高，空巢化问题较为严重，养老服务资源不足、分布不够均衡。

问题五：养老金水平有待提升。尽管农村老年人的基础养老金近年来有所上调，但与城镇职工基本养老金相比仍有较大差距，且不同地区之间养老金水平差异明显。随着老龄化社会的到来，农村老年人养老金较低的问题日益凸显，需要探索新模式以提高养老金水平。

第 5 问　目前我国养老保险体系由哪些部分组成？

我国养老保险体系具有多层次、多支柱的特点，旨在为退休

---

① 任泽平团队，任泽平. 中国老龄化研究报告［J］. 企业观察家，2022（4）：76-81.

人员提供稳定的经济来源，保障其基本生活需求。该体系主要由以下三个支柱构成。

一、第一支柱：基本养老保险与社会保障基金

（一）基本养老保险

基本养老保险由政府主导建立，是公民从国家和社会获得物质帮助的重要途径之一。

根据《中华人民共和国社会保险法释义（二）》，基本养老保险制度，是指缴费达到法定期限并且个人达到法定退休年龄后，国家和社会提供物质帮助以保证因年老而退出劳动领域者稳定、可靠的生活来源的社会保险制度，特点是"广覆盖、保基本、多层次、可持续"。基本养老保险制度由两个部分组成：城镇职工基本养老保险制度、城乡居民基本养老保险制度。

1. 城镇职工基本养老保险制度

（1）覆盖范围。根据国务院印发的《关于建立统一的企业职工基本养老保险制度的决定》（国发〔1997〕26号），企业职工基本养老保险制度主要覆盖城镇各类企业。实行企业化管理的事业单位，原则上按照企业养老保险制度执行。城镇个体劳动者也要逐步实行基本养老保险制度，其缴费比例和待遇水平由省、自治区、直辖市人民政府参照本决定精神确定。2003年，劳动和社会保障部办公厅印发的《关于对社会力量所办学校等民办非企业单位参加城镇企业职工养老保险的复函》（劳社厅函〔2003〕317号）规定，将社会力量所办学校等民办非企业单位纳入企业职工基本养老保险制度覆盖范围。2005年，国务院印发《关于完善企业职工基本养老保险制度的决定》（国发〔2005〕38号），扩大了基本养老保险的覆盖范围，明确城镇各类企业职工、个体工商户和灵活就业人员都要参加企业职工基本养老保险。因此，目前企业职

工基本养老保险制度主要覆盖城镇各类企业及其职工、企业化管理的事业单位及其职工、社会力量所办学校等民办非企业单位职工、城镇个体工商户和灵活就业人员。

（2）**缴费方式**。以职工身份参保的，由用人单位和职工个人共同缴纳基本养老保险费；各省市实际情况不同，目前常见的缴费比例是，用人单位按本单位职工上年度月平均工资总额的16%缴费，职工个人按本人上年度月平均工资收入的8%缴费。个体工商户和灵活就业人员参加企业职工基本养老保险，可以在本省全口径城镇单位就业人员平均工资的60%至300%之间选择适当的缴费基数。

（3）**发展现状**。根据人力资源社会保障部发布的《2023年度人力资源和社会保障事业发展统计公报》，截至2023年年底，城镇职工基本养老保险覆盖人数达5.21亿人，累计结余6.36万亿元。

2. 城乡居民基本养老保险制度

（1）**覆盖范围**。2014年，国务院印发《关于建立统一的城乡居民基本养老保险制度的意见》（国发〔2014〕8号），规定年满16周岁（不含在校学生），非国家机关和事业单位工作人员及不属于职工基本养老保险制度覆盖范围的城乡居民，可以在户籍地参加城乡居民基本养老保险。

（2）**缴费方式**。城乡居民基本养老保险基金由个人缴费、集体补助、政府补贴构成。参加城乡居民基本养老保险的人员应当按规定缴纳养老保险费。缴费标准目前设为12个档次，省（区、市）人民政府可以根据实际情况增设缴费档次，参保人自主选择档次缴费，多缴多得。有条件的村集体经济组织应当对参保人缴费给予补助，补助标准由村民委员会召开村民会议民主确定。政府对符合领取城乡居民基本养老保险待遇条件的参保人全额支付基础养老金,其中,中央财政对中西部地区按中央确定的基础养老金标准给予全额补助,对东部地区给予50%的补助。

(3)**发展现状**。根据人力资源社会保障部发布的《2023年度人力资源和社会保障事业发展统计公报》,截至2023年年底,城乡居民基本养老保险覆盖人数达5.45亿人,累计结余1.45万亿元。

(二)社会保障基金

除基本养老保险制度外,我国还建立了社会保障基金。根据《全国社会保障基金条例》,全国社会保障基金是由全国社会保障基金理事会负责运营的国家社会保障储备基金,用于人口老龄化高峰时期的养老保险等社会保障支出的补充、调剂。其筹集和使用方案由国务院确定。

二、第二支柱:补充养老保险

补充养老保险旨在提高退休人员的收入水平,包括企业年金和职业年金两大部分。

(一)企业年金

根据《企业年金办法》(人力资源社会保障部、财政部令第36号),企业年金是指企业及其职工在依法参加基本养老保险的基础上,自主建立的补充养老保险制度。

(1)**覆盖范围**。自主建立。依法参加了企业职工基本养老保险的用人单位及其职工,都可以建立企业年金。

(2)**缴费方式**。企业年金所需费用由企业和职工个人共同缴纳,其中企业缴费每年不超过本企业职工工资总额的8%,企业和职工个人缴费合计不超过本企业职工工资总额的12%。

(3)**发展现状**。截至2023年,参与企业数约14万家,参与人数超过3 144万人。

（二）职业年金

根据《机关事业单位职业年金办法》（国办发〔2015〕18号），职业年金是指机关事业单位及其工作人员在参加机关事业单位基本养老保险的基础上，建立的补充养老保险制度。

（1）**覆盖范围**。参保人员范围为按照公务员法管理的单位、参照公务员法管理的机关（单位）、事业单位中，经机构编制部门会同相关部门确定的纳入编制管理范围的人员。

（2）**缴费方式**。职业年金所需费用由单位和工作人员个人共同承担。单位缴纳职业年金费用的比例为本单位工资总额的8%，个人缴费比例为本人缴费工资的4%，由单位代扣。单位和个人缴费基数与机关事业单位工作人员基本养老保险缴费基数一致。

（3）**发展现状**。根据人力资源社会保障部统计数据，截至2022年年底，全国职业年金覆盖人数约4 300万人。第二支柱的职业养老金在覆盖面上仍有限，且存在区域不平衡的问题。

三、第三支柱：个人养老金

《个人养老金实施办法》（人社部发〔2022〕70号）第二条规定，个人养老金是指政府政策支持、个人自愿参加、市场化运营、实现养老保险补充功能的制度。个人养老金实行个人账户制，缴费完全由参加人个人承担，自主选择购买符合规定的储蓄存款、理财产品、商业养老保险、公募基金等金融产品，实行完全积累，按照国家有关规定享受税收优惠政策。

（1）**覆盖范围**。2022年，国务院办公厅印发《关于推动个人养老金发展的意见》（国办发〔2022〕7号），规定在我国境内参加城镇职工基本养老保险或者城乡居民基本养老保险的劳动者，均可参加个人养老金制度。

（2）**缴费方式**。个人养老金缴费上限起步为每年12 000元，并根据经济社会发展水平、多层次养老保险体系发展情况等因素适时调整。参加人可以按月、分次或按年度缴费，缴费额度按自然年度累计，次年重新计算。

（3）**发展现状**。根据人力资源社会保障部数据，截至2023年年底，个人养老金开立账户人数超过5 000万人。目前，个人养老金产品包括储蓄存款、理财产品、商业养老保险、公募基金等。

这些支柱共同构成了我国养老保险体系，旨在满足人民群众日益增长的多样化养老保险需求，促进养老保险制度的可持续发展。

第6问 为什么我国目前大力支持个人养老金的发展？

我国养老保险体系第一支柱基本养老保险采取现收现付制，随着人口老龄化的加剧、预期寿命的提升，这一制度正面临一系列挑战。尽管政府一直在提高基本养老金的水平，但这并未能有效阻止养老金替代率的下降。以城镇职工基本养老保险为例，替代率已经从1997年的76.34%下降到了2020年的41.28%。[①]

此外，作为养老保险体系第二支柱的企业年金和职业年金，其覆盖的人群比例相对较小，大约只占城镇职工基本养老保险参保人数的6%。目前，大多数职工的退休生活仍然主要依赖于基本养老保险，而城乡居民基本养老保险的养老金待遇则更低。

面对人口老龄化的加速，个人养老金有望在填补基本养老保险资金缺口和提升替代率方面发挥关键作用。完善和推广个人养老金制度将有助于提高公众的养老规划意识，提升公众对养老问

---

① 张琳，董克用，张栋. 中国老年人养老财富储备：现状、问题与优化路径[J]. 新金融，2023（9）：45-50，56.

题的关注；有利于提高老年人的生活质量，减轻政府的社会保障负担；还能激发金融市场的创新和活力，为资本市场引入长期稳定的资金，推动经济的持续健康发展。

第 7 问　个人养老金将在促进经济发展和社会稳定方面发挥什么作用？[①]

个人养老金在促进经济发展和社会稳定方面发挥着至关重要的作用。这一政策不仅有助于构建多层次、多支柱的养老保险体系，满足人民群众多样化的养老需求，而且也对金融市场的结构优化、实体经济的支持以及经济社会长期健康发展产生积极的促进作用。

首先，从海外实践看，个人养老金具有显著的资本形成和经济增长效应。个人养老金的缴费积累能够增加社会储蓄，进而形成养老基金。这些养老基金通过有效的投资，可以提高资源配置效率，促进资本形成，最终推动经济增长。同时，个人养老金待遇的发放可以刺激消费需求，进一步拉动经济增长。这种良性循环使得个人养老金政策成为经济增长的重要推动力。

其次，个人养老金还具有收入与消费效应。通过考察成功实施个人养老金制度的国家，我们可以看到个人养老金可增加并平滑个人的终身收入与消费。个人养老金治理的有效运作可以发挥缴费的生产性，促进经济和收入增长。而个人养老金待遇的发放则可以间接增加可支配收入，进一步促进消费需求的增长。这种效应有助于稳定消费预期，促进经济社会的平稳运行。

最后，个人养老金政策可以降低公共养老金和公共财政支出负担。公共养老金制度的财务不可持续及其引起的财政支出负担

[①] 郑秉文. 中国养老金发展报告 2023——个人养老金与制度优化 [M]. 北京：经济管理出版社，2023.

是许多国家和地区面临的问题。通过引入或改革个人养老制度，可以建立多支柱的养老保险体系，减轻公共养老金的支出压力。个人养老金缴费积累形成的资产增值为降低公共养老金支出负担创造了条件，有助于实现养老保障制度的财务可持续性。

第 8 问　个人养老金入市对资本市场有何影响？

总体来看，个人养老金入市有助于推动资本市场繁荣发展。

具体到资产层面，对固定收益类资产而言，个人养老金入市预计将带来大量资金。长期资金入市时，固定收益类资产在投资组合中可配置比例最高。大多数养老金理财产品将固定收益类资产投资比例设置在 80% 以上，若个人养老金大量入市后，预计将为债券市场带来规模庞大的增量资金。截至 2024 年 6 月，已经有 6 000 余万人开通了个人养老金账户。从国家社会保险公共服务平台发布的信息看，个人养老金专项产品包括储蓄、理财、保险、基金四类。截至 2024 年 8 月，个人养老金专项产品共有 775 款，其中储蓄类 465 款，基金类 196 款，保险类 88 款，理财类 26 款。

就具体种类而言，高评级、长期限的债券预计将更受养老资金青睐。鉴于养老金期限是所有资金中最长的，预计养老金在固定收益类资产配置时可能更偏向于久期较长的资产。同时养老金对于资产的安全性要求较高，追求稳健的绝对收益，因此在固定收益类打底资产的配置中，更偏向于配置安全性更高的高评级债券。综合来看，高评级、长期限的固定收益类资产预计将会成为养老金入市优先配置的品种。

此前，由于目标日期基金资金期限较短，难以真正实现生命周期的资产配置，因此规模相较目标风险基金来说增长缓慢。在个人养老金这样的长期资金入市后,符合生命周期曲线的资产配置将会真正得以贯彻。参考美国富达和先锋领航基金目标日期在2065年的权益类资产配置比例(分别为89.2%和92.58%),预计目标日期较久远的目标日期基金将会大幅提高权益类资产配置比例,并随着目标日期临近而逐渐降低该比例。

参考美国权益市场长期"慢牛"行情,预计个人养老金长期资金入市后,将提高A股稳定性。美国共同基金中,近半数的资金来自个人退休账户和缴费确定型个人养老金计划,这部分资金需要到退休后才可以取出,因此美国共同基金市场资金来源非常稳定,不会存在过度"追涨杀跌"导致基金规模大起大落,继而影响权益市场,造成大幅波动的情况。目前,我国A股市场上散户仍旧占据主导,投资短期化、情绪化现象较为严重,因此权益市场波动较大,大部分投资者处于亏损状态。在个人养老金长期资金入市后,由于资金长期稳定,预计将降低A股市场波动率,形成长期"慢牛"行情,与养老金良性互动、相互成就。

第9问 个人养老金的发展趋势对个人和家庭有何影响?

首先,从制度内容来看,个人养老金的特征表现为"低投入、保长远"。这意味着个人在早期通过较小的投入,能够积累一笔可观的养老金,用于未来的养老生活。这种特性与职工基本养老保险的参保人对养老的长期稳健保障需求相契合,由于他们往往有着相对稳定的职业生涯和预期收入,更倾向于通过长期、稳定的积累来规划自己的养老生活。因此,个人养老金制度应成为职工基本养老保险参保人家庭保障的重要一环,为他们提供额外的养老保障,减轻未来的经济压力。

其次,从账户制的角度来看,个人养老金制度强调个人在养老保障中的责任。通过建立个人账户，个人可以更加清晰地了解自己的养老储备情况，并根据自己的实际情况进行规划。这种制度安排不仅有助于增加个人对养老保障的重视度，还能够激发个人的积极性和责任感，更好地为自己的养老生活做好准备。

最后，从国际实践来看，将账户制的个人养老金制度纳入多层次养老保险体系，有助于平衡政府、企业、职工在多层次养老保险体系中的责任。这意味着个人养老金制度能够与其他养老保险制度相互补充，共同构建一个更加完善、更加平衡的养老保险体系。这样不仅能够提高整体的养老保障水平，还能够减轻政府和企业在养老保障方面的压力，实现社会养老保障责任的合理分配。

第10问 人口老龄化趋势对资产配置策略有何影响？

从宏观视角来看，人口老龄化问题映射到资本市场，会对权益类和固定收益类等大类资产产生深刻影响。一方面，未来5~10年我国人口老龄化水平几乎已成定局，这将拉低我国经济的潜在增速。在此背景下，利率的中枢水平仍有下移的空间。另一方面，为了应对人口老龄化对经济增长的长期负面影响，我国将不遗余力地推动科技创新和产业结构升级，这将给A股市场带来长期的投资机遇。所以，在大类资产的战略配置层面，应该要重视权益类资产的配置。

从中期微观需求视角来看，1949年以来我国先后经历了1950—1958年、1962—1975年和1981—1997年三次"婴儿潮"。第二次"婴儿潮"的年均出生人口达到2 583万人，分别比前后两次"婴儿潮"年均多出506万人和377万人。从具体年份来看，1963年正处于三次"婴儿潮"波峰的最高点。

第一部分 养老趋势

国家统计局数据显示，20世纪60年代出生人口高达2.39亿人，20世纪70年代出生人口达到近2.17亿人，总数超过4.5亿人。按照我国现行法定退休年龄推算，1962—1975年出生的"60后"和"70后"，将在2022—2035年步入老年期，成为这轮退休大潮的"主力军"。

随着退休时间的临近，劳动者的工资性收入可能出现下滑，而家庭支出是刚性的，这一人群对个人养老储备的投资需求可能会有爆发式增长。不过，随着年龄的增加，这部分群体的风险偏好会随之降低，因此他们的养老储备需求会主要聚焦于长期资产和稳健性资产，比如年金保险、两全保险、稳健型养老基金中基金（fund of fund, FOF）、养老理财等。群体性风险偏好缓降现象，某种程度上会减少对权益类资产的边际需求，而增加对固定收益类资产的边际需求。因此，在大类资产配置的策略层面，要重视长期和稳健资产的构建。

从中青年群体的长期需求和资金特点来看，不难发现，中青年群体对人口老龄化趋势比较关注，个人养老储备的意识觉醒比较早。第三支柱个人养老金制度正式建立以来，受到社会各界的广泛关注和热烈参与，各大银行纷纷响应，这说明个人养老储备的需求空间巨大。

中青年群体的投资需求存在两个特点：一是他们处于财富积累的初期阶段，支出比较多，对流动性的需求较高，很难将大部分资金放在长期资产上；二是从个人养老储备的角度来看，因为他们比较年轻，其可投资金的久期是比较长的。以上两个特点决定了这部分群体的投资组合需要兼顾流动性、稳健性和成长性。

所以，在大类资产配置的实施层面，可以围绕稳健类资产构建一个长期组合，即以年金保险、两全保险、稳健型养老FOF、养老理财等为主体，以流动性资产和符合经济发展方向的成长类资产为两翼。在成长性资产上，可以采用分批构建方式实现配置。

第11问 机构投资者可以采取哪些措施助力个人养老金的推行？

措施一：提供多样化的金融产品。机构投资者可以通过提供多样化的个人养老金产品，如储蓄存款、银行理财、商业养老保险、公募基金等，满足不同风险偏好的投资者需求。

措施二：向投资人提供风险管理和教育。机构投资者应提供风险评估工具，帮助公众了解和管理投资风险，并加强投资者教育，提高公众对个人养老金制度的认识和理解。

措施三：建立长周期考核机制。基金管理人和基金销售机构应建立至少5年的长周期考核机制，以符合个人养老金投资的长期性要求。

措施四：遵守监管规定。机构投资者应严格遵守《个人养老金投资公开募集证券投资基金业务管理暂行规定》（中国证券监督管理委员会公告〔2022〕46号）等相关政策文件，确保业务运作规范、安全、可持续发展。

措施五：增强信息披露的透明度。机构投资者应确保投资者能够获取到准确、及时的产品运作信息，包括投资策略、费用结构、潜在风险等。

措施六：优化客户服务。机构投资者应提供便捷的客户服务，包括在线服务平台、移动应用等，使个人投资者能够轻松管理自己的养老金账户。

措施七：投资策略创新。机构投资者应开发符合个人养老金长期投资需求的创新投资策略，如设置红利再投资、定期分红等机制，以鼓励长期投资和领取。

措施八：税收优惠政策的宣传和实践。 机构投资者应帮助投资者了解和利用国家提供的税收优惠政策，鼓励更多的个人参加个人养老金。

措施九：跨机构合作。 银行、保险公司、基金公司等机构投资者可加强合作，共同开发和推广个人养老金产品，扩大服务范围。

措施十：技术创新。 机构投资者应利用先进的信息技术，如大数据分析和人工智能，提高投资管理的效率和个性化服务水平。

第12问 个人养老金制度目前推进进展如何？是否会全面实施？

根据2024年1月24日人力资源社会保障部举行的新闻发布会，在36个城市及地区先行实施的个人养老金制度，目前运行平稳，先行工作取得积极成效。下一步将推进个人养老金制度全面实施。

从整个社会保障情况看，截至2023年年底，全国基本养老保险、失业保险、工伤保险参保人数分别为10.66亿人、2.44亿人、3.02亿人，同比增加1 336万人、566万人、1 057万人。全年三项社会保险基金收入7.92万亿元，支出7.09万亿元，年底累计结余8.24万亿元，基金运行总体平稳。

人力资源社会保障部表示，下一步将积极推进养老保险全国统筹，确保养老金按时足额发放；持续扩大企业年金覆盖面，推进个人养老金制度全面实施；推动有条件的村集体经济组织补助城乡居民基本养老保险参保人缴费，增加个人账户积累；促进灵活就业人员和新就业形态劳动者参加养老保险；推动城乡居民基本养老保险应保尽保。

第13问　随着养老金融市场的不断扩张，金融机构如何构建一个系统化、专业化的养老金融人才培养体系，以满足未来养老金融市场快速发展的需求？

从金融行业的角度来看，构建一个系统化、专业化的养老金融人才培养体系，以满足未来养老金融市场的快速发展需求，可以从以下五个方面进行概括。

第一，要明确养老金融人才的培养目标。其核心能力和素质要求包括深厚的金融理论基础、对养老金融市场的深入理解、创新的产品设计能力、风险管理和控制能力，以及良好的职业道德和客户服务意识。这些能力和素质是养老金融人才在市场中立足和发展的关键。

第二，要优化教育资源配置，形成多层次、多元化的培养格局。金融机构、高校、行业协会等应共同参与人才培养，发挥各自的优势，形成合力。通过开设专业课程、举办培训班、开展实践项目等方式，为养老金融人才提供全面、系统的学习机会。

第三，要加强产学研合作，推动养老金融理论与实践的深度融合。金融机构可以与高校和研究机构建立合作关系，共同开展养老金融领域的课题研究、产品开发等工作，促进理论与实践的相互转化和相互促进。

第四，要完善人才评价和激励机制，激发养老金融人才的创新活力。通过建立科学的评价体系和激励机制，对养老金融人才的业绩和贡献进行客观评价，并给予相应的奖励和晋升机会，从而吸引更多的优秀人才投身于养老金融领域。

第五，要注重国际视野和跨界融合，提升养老金融人才的综合素质。随着全球化进程的加速和金融科技的发展，养老金融市场日益呈现出国际化、跨界化的趋势。因此，在培养养老金融人才时，要注重培养他们的国际视野和跨界思维，使其能够适应市场的变化和挑战。

综上所述，从金融行业的角度来看，构建系统化、专业化的养老金融人才培养体系需要明确人才培养目标、优化教育资源配置、加强产学研合作、完善人才评价和激励机制，并注重国际视野和跨界融合。这些措施的实施将为养老金融市场的快速发展提供有力的人才保障。

第二部分

政策普及

第14问 目前有哪些个人养老金相关政策？

文件名称	发文机构	文号	发文日期	主要内容
《关于推动个人养老金发展的意见》	国务院办公厅	国办发〔2022〕7号	2022年4月21日	这是个人养老金制度的顶层设计文件，提出了个人养老金的总体要求、参加范围、制度模式、缴费水平、税收政策、个人养老金投资、个人养老金领取、人社信息平台建设、运营和监管以及组织领导等方面的具体规定
《个人养老金实施办法》	人力资源社会保障部、财政部、税务总局、银保监会、中国证监会	人社部发〔2022〕70号	2022年10月26日	明确了个人养老金的具体实施细则，包括参加流程、信息报送和管理、资金账户管理、机构与产品管理、信息披露、监督管理等内容
《关于个人养老金有关个人所得税政策的公告》	财政部、税务总局	财政部、税务总局公告2022年第34号	2022年11月3日	规定了个人养老金的税收优惠政策，包括缴费环节的税前扣除、投资环节的投资收益暂不征收个人所得税以及领取环节的税收政策

第二部分 政策普及

续表

文件名称	发文机构	文号	发文日期	主要内容
《个人养老金投资公开募集证券投资基金业务管理暂行规定》	中国证监会	中国证券监督管理委员会公告〔2022〕46号	2022年11月4日	这是中国证监会为推进多层次、多支柱养老保险体系建设，规范个人养老金投资公开募集证券投资基金业务的相关活动，保护投资人合法权益而制定的法规。旨在确保个人养老金投资基金业务的规范性、安全性和透明度，同时促进个人养老金业务的健康发展，满足居民养老投资需求
《个人养老金基金行业平台运作管理暂行办法》	中国证券登记结算有限责任公司	中国结算发字〔2022〕106号	2022年11月4日	主要规定了基金行业平台的建设运营、监督管理职责，基金管理与销售机构的业务要求，投资人权益保护，信息报送与披露，以及违规行为的监管措施等内容
《个人养老金基金行业平台业务指引》	中国证券登记结算有限责任公司	中国结算业字〔2022〕1号	2022年11月4日	主要规定了基金行业平台的运作规则、参与机构的职责、信息报送要求、投资人服务流程、监督管理机制以及风险控制措施，旨在确保个人养老金基金业务的规范运作和信息的准确披露
《商业银行和理财公司个人养老金业务管理暂行办法》	银保监会	银保监规〔2022〕16号	2022年11月17日	主要规定了个人养老金业务的范围、参与机构的条件、业务管理要求、信息报送机制、监督管理措施以及法律责任等内容，旨在规范商业银行和理财公司开展个人养老金业务，保护投资者权益，促进养老保险体系发展

续表

文件名称	发文机构	文号	发文日期	主要内容
《关于公布个人养老金先行城市（地区）的通知》	人力资源社会保障部办公厅、财政部办公厅、税务总局办公厅	人社厅函〔2022〕169号	2022年11月17日	明确了个人养老金先行城市（地区）名单
《关于保险公司开展个人养老金业务有关事项的通知》	银保监会	银保监规〔2022〕17号	2022年11月21日	主要规定了个人养老金保险业务参与机构的条件、产品管理要求、信息报送机制、监督管理措施等
《个人税收递延型商业养老保险试点与个人养老金衔接有关事项》	金融监管总局	金规〔2023〕4号	2023年8月31日	本规定包括试点公司应依法合规、优化流程、维护客户权益，确保2023年年底前完成衔接；中国银行保险信息技术管理有限公司加强人社信息平台建设，支持业务衔接；个人税收递延型养老保险试点公司停止销售新产品，支持保单变更；报送相关信息至税务机关和行业平台；对已领取养老年金的投保人提供一次性领取方式等内容

注：2023年3月，中共中央、国务院印发了《党和国家机构改革方案》，决定在中国银行保险监督管理委员会的基础上组建国家金融监督管理总局，不再保留中国银行保险监督管理委员会。2023年5月18日，国家金融监督管理总局正式挂牌。对于本书涉及的在2023年3月前发布的文件，为了方便理解，仍采用"中国银行保险监督管理委员会(银保监会)"名称，对于2023年3月后发布的文件，采用"国家金融监督管理总局（金融监管总局）"这一名称。

第15问 个人养老金主管部门有哪些？

人力资源社会保障部：负责个人养老金政策的制定和组织实

施,以及个人养老金信息管理服务平台[①]的建设。

财政部: 参与个人养老金政策的制定,负责相关财政和税收政策的出台。

税务总局: 负责个人养老金税收优惠政策的具体实施和税收征管工作。

金融监管总局: 负责对商业银行、保险公司开展个人养老金资金账户业务的监管,以及对个人养老金投资的保险产品的监管。

中国证监会: 负责对个人养老金投资的基金等证券类产品的监管。

第16问 为何要建立健全个人养老金制度?

根据《〈关于推动个人养老金发展的意见〉宣传提纲》(人社部函〔2022〕63号),社会保障是保障和改善民生、维护社会公平、增进人民福祉的基本制度保障,是促进经济社会发展、实现广大人民群众共享改革发展成果的重要制度安排。我们党历来高度重视民生改善和社会保障,把社会保障作为改善人民生活的基础民生工程,把养老保险作为社会保障体系建设的重点,实行社会统筹与个人账户相结合的基本养老保险制度模式,确立了多层次发展的体系框架,稳步推进各项工作,取得重大进展。

党的十八大以来,以习近平同志为核心的党中央坚持以人民为中心的发展思想,把社会保障体系建设摆上更加突出的位置,推动我国社会保障体系建设进入快车道,我国社会保障事业发展取得历史性成就。中央强化顶层设计,加强制度引领,推动一批关键性标志性改革举措出台实施,覆盖范围持续扩大,待遇水平

[①] 个人养老金信息管理服务平台包括国家社会保险公共服务平台、全国人力资源和社会保障政务服务平台、电子社保卡等。

稳步提高，保障能力持续增强，我国成功建立起世界上最大的基本养老保险保障网，制度的公平性、可持续性显著增强，为广大人民群众老年生活提供了基本保障，也成为人民群众共享改革发展成果的重要途径。

中央明确要求，要立足我国基本国情，借鉴国际经验，努力构建以基本养老保险为基础、以企业年金和职业年金为补充、与个人储蓄性养老保险和商业养老保险相衔接的"三支柱"养老保险体系。从三支柱整体上看，第一支柱为基本养老保险，包括城镇职工基本养老保险和城乡居民基本养老保险，立足于保基本，采取社会统筹与个人账户相结合的模式，体现社会共济，已具备相对完备的制度体系，覆盖范围持续扩大。截至2021年年底，参加人数达到10.3亿人，积累基金6万多亿元，基金运行总体平稳，待遇按时足额发放。第二支柱为企业年金、职业年金，由用人单位及其职工建立，主要发挥补充作用，已有良好的发展基础。截至2021年年底，参加企业（职业）年金的职工达7 200多万人，积累基金近4.5万亿元，补充养老作用初步显现。第三支柱为个人储蓄性养老保险和商业养老保险，此前没有全国统一的制度性安排，是多层次养老保险体系的短板。2020年，《中共中央关于制定国民经济和社会发展第十四个五年规划和二〇三五年远景目标的建议》提出发展多层次、多支柱养老保险体系。2021年和2022年政府工作报告均提出要规范发展第三支柱养老保险。

按照党中央、国务院决策部署，国务院办公厅于2022年4月印发了《关于推动个人养老金发展的意见》（以下简称《意见》）。《意见》的印发，对我国多层次、多支柱养老保险体系建设具有标志性意义。个人养老金是国家关于第三支柱的制度性安排，除此之外，还有其他个人商业养老金融业务，二者都是第三

第二部分 政策普及

支柱的重要组成部分，互相补充、相互促进。个人养老金制度的实施，是适应我国社会主要矛盾变化，满足人民群众多层次多样化养老保障需求的必然要求，有利于在基本养老保险和企业年金、职业年金的基础上，再增加一份积累，退休后能够再多一份收入，进一步提高退休后的生活水平，让老年生活更有保障、更有质量。个人养老金制度的实施，也是社会保障事业高质量发展、可持续发展的重要举措，有利于积极应对人口老龄化，构建功能更加完备的多层次、多支柱养老保险制度体系。

第17问 推动个人养老金发展有何重要意义？

《关于推动个人养老金发展的意见》的出台实施，充分体现了党中央、国务院对养老保险体系建设和群众切身利益的高度重视，建立个人养老金制度并推动发展，是一件利国利民的好事。

一是有利于完善多层次、多支柱养老保险体系。建立个人养老金制度，有利于从制度层面补齐第三支柱养老保险的短板，为实现个人补充养老提供制度保障，有利于进一步健全多层次、多支柱养老保险体系，促进三个支柱更好地协调发展、可持续发展。

二是有利于满足人民群众多样化的养老保险需求。推动个人养老金发展，不仅为参加第二支柱企业（职业）年金的人员增加了一条补充养老保险渠道，对没有参加第二支柱的人员而言，也为其增加了一条补充养老保险渠道，顺应了人民群众对养老保险多样化的需求。有利于在我国人口老龄化日益严峻的形势下，引导人们及早谋划和为未来老年生活做好储备，有利于通过制度安排，切实提高老年收入水平，更好地保障老年生活的需要。

三是有利于积极应对人口老龄化，促进经济社会发展。个人养老金是对个人储备养老资金的制度性安排，有利于个人理性规划养老资金，合理选择金融产品，是积极应对人口老龄化的重要举措。同时，个人养老金积累的长期资金，还能较好地服务于国家经济社会发展大局。

第 18 问　个人养老金政策的制定遵循什么原则？

制定《关于推动个人养老金发展的意见》（以下简称《意见》）遵循了三个基本原则。

一是注重多层次、多支柱养老保险体系的整体性。把个人养老金放在多层次、多支柱养老保险有机整体中统筹把握和设计，在总体待遇中考虑个人养老金的定位，坚持基本保险与补充保险的辩证关系，充分考虑与相关试点政策的衔接。

二是注重操作简便性和实效性。个人养老金涉及多个部门和行业的政策与运行规则，情况比较复杂。制定《意见》过程中，坚持以账户制为核心，简化信息运转流程，方便参加人员。切实管住资金，确保实现补充养老功能。

三是注重维护金融市场规则。个人养老金实行市场化运行，确立个人养老金制度模式和制定《意见》过程中，充分尊重市场规则，在资金账户开立渠道、确定参与金融机构和金融产品、金融产品销售渠道等方面，由金融监管部门负责，不对金融市场产生不良影响。

第 19 问　根据政策规定，已缴纳的个人养老金将如何进行管理？有哪些主体参与？

个人养老金的缴纳资金通过个人养老金信息管理服务平台（即人社信息平台）进行管理。该平台由人力资源社会保障部组织建设，与商业银行及金融行业平台对接，为参加人提供账户管理、缴费管理、信息查询等服务。个人养老金账户具有唯一性，用于记录所有相关信息，是参加个人养老金制度、享受税收优惠政策的基础。

个人养老金资金账户实行封闭运行，其权益归参加人所有，除另有规定外不得提前支取。参加人变更个人养老金资金账户开户银行时，应通过人社信息平台核验，将原账户内的资金转移至新的账户并注销原资金账户。

个人养老金资金账户中的资金可以用于购买符合规定的金融产品，包括储蓄存款、银行理财、商业养老保险、公募基金等，由参加人自主选择。这些产品应满足运作安全、成熟稳定、标的规范、侧重长期保值的要求，以满足不同投资者的偏好。

此外，人力资源社会保障部门与税务部门建立信息交换机制，通过平台交换个人养老金涉税信息，并配合税务部门做好相关税收征管工作。商业银行分支机构需对开立个人养老金资金账户纳税人的纳税情况进行明细申报，确保信息真实准确。

个人养老金的税收政策也由财政部和税务总局制定，包括缴费环节的税前扣除、投资环节的投资收益暂不征税以及领取环节的单独征税。这显示了政府对个人养老金发展的引导和支持，旨在鼓励个人参与并为未来的退休生活提供更好的财务保障。

第20问 开展个人养老金业务的商业银行和理财公司有哪些？需要满足什么资质要求？

个人养老金制度尚处于初始阶段，覆盖面广，业务要求高，关系人民群众的切身利益，对参与的商业银行和理财公司业务经营、客户服务、风险管理、社会责任等均有较高要求。根据《商业银行和理财公司个人养老金业务管理暂行办法》，截至2022年三季度末一级资本净额超过1 000亿元、主要审慎监管指标符合监管规定的全国性商业银行和具有较强跨区域服务能力的城市商业银行，以及截至2022年三季度末已纳入养老理财产品试点范围的理财公司，可以开办个人养老金业务。主要包括6家大型银行、12家股份制银行、5家城市商业银行和11家理财公司。

首批开办个人养老金业务的商业银行包括：工商银行、农业银行、中国银行、建设银行、交通银行、邮储银行、中信银行、光大银行、华夏银行、民生银行、招商银行、兴业银行、平安银行、广发银行、浦发银行、浙商银行、渤海银行、恒丰银行、北京银行、上海银行、江苏银行、宁波银行、南京银行。

首批开办个人养老金业务的理财公司包括：工银理财、农银理财、中银理财、建信理财、交银理财、中邮理财、贝莱德建信理财、光大理财、招银理财、兴银理财、信银理财。

第21问 哪些机构可以开展个人养老金产品的发行及销售？

目前，个人养老金产品主要包括个人养老金储蓄存款、个人养老金理财产品、个人养老金保险产品、个人养老金基金产品等个人养老金产品。

一、个人养老金储蓄存款

发行机构：符合条件的商业银行。

销售机构：符合条件的商业银行。

根据《商业银行和理财公司个人养老金业务管理暂行办法》，截至2022年三季度末一级资本净额超过1 000亿元、主要审慎监管指标符合监管规定的全国性商业银行和具有较强跨区域服务能力的城市商业银行,可以开办个人养老金业务。开办个人养老金业务的商业银行所发行的储蓄存款(包括特定养老储蓄,不包括其他特定目的储蓄)可纳入购买范围。

二、个人养老金理财产品

发行机构:符合条件的理财公司。

销售机构:发行产品的理财公司、符合条件的商业银行(代销)。

根据《商业银行和理财公司个人养老金业务管理暂行办法》,截至2022年三季度末已纳入养老理财产品试点范围的理财公司,可以开办个人养老金业务。个人养老金理财产品由符合上述条件的理财公司发行。

理财公司可以销售本机构发行的个人养老金理财产品。开办个人养老金业务的商业银行,可以开展个人养老金理财产品代销业务。

三、个人养老金保险产品

发行机构:符合条件的保险公司。

销售机构:发行产品的保险公司、符合条件的商业银行(代销)。

根据《关于保险公司开展个人养老金业务有关事项的通知》,符合以下条件的保险公司可以开展个人养老金业务:(1)上年度末所有者权益不低于50亿元且不低于公司股本(实收资本)的75%;(2)上年度末综合偿付能力充足率不低于150%、核心偿付能力充足率不低于75%;(3)上年度末责任准备金覆盖率不低于100%;(4)最近4个季度风险综合评级不低于B类;(5)最近3年未受到金融监管机构重大行政处罚;(6)具备完善的信息管理系统，与银保行业平台①实现系统连接，并按相关要求进行信息登记和交互；（7）银保监会规定的其他条件。养老主业突出、业务发展规范、内部管理机制健全的养老保险公司，可以豁免第一款关于上年度末所有者权益不低于50亿元的规定。

保险公司开展个人养老金业务，可提供年金保险、两全保险，以及银保监会认定的其他产品。

根据《商业银行和理财公司个人养老金业务管理暂行办法》，开办个人养老金业务的商业银行，可以开展个人养老金保险产品代销业务。

银保行业平台应定期公布个人养老金保险产品名单，以供公众查询和了解。

四、个人养老金基金产品

发行机构：符合条件的基金管理人。

销售机构：符合条件的基金管理人及其销售子公司、符合条件的证券公司、符合条件的商业银行（代销）。

根据《个人养老金投资公开募集证券投资基金业务管理暂行规定》，可以发行个人养老金基金产品的机构必须是基金管理人，并且这些基金产品应当具备运作安全、成熟稳定、标的规范、侧重长期保值等特征。具体来说，这些基金产品包括但不限于：（1）最近4个季度末规模不低于5 000万元或者上一季度末规模不低于2亿元的养老目标基金；（2）投资风格稳定、投资策略清晰、运作合规稳健且适合个人养老金长期投资的股票基金、混合基金、债券基金、基金中基金等；（3）中国证监会规定的其他基金产品。

参与基金销售的机构需满足一定条件，如最近4个季度末股

---

① 在本书中，银保行业平台指个人养老金银行保险行业信息平台，理财行业平台指个人养老金理财产品行业信息平台。

票基金和混合基金保有规模不低于 200 亿元，个人投资者持有规模不低于 50 亿元。

个人养老金基金销售机构名录每季度通过中国证监会网站、基金业协会网站、基金行业平台等向社会发布。

第 22 问　个人养老金政策对资金的投资范围有何限制？

根据《关于推动个人养老金发展的意见》，个人养老金资金账户资金用于购买符合规定的银行理财、储蓄存款、商业养老保险、公募基金等运作安全、成熟稳定、标的规范、侧重长期保值的满足不同投资者偏好的金融产品，参加人可自主选择。参与个人养老金运行的金融机构和金融产品由相关金融监管部门确定，并通过人社信息平台和金融行业平台向社会发布。

根据《商业银行和理财公司个人养老金业务管理暂行办法》，资金账户的资金只能用于购买金融监管机构确定的个人养老金产品，无法确认是否在购买范围内或缺少销售机构等必要信息的，不允许办理交易手续。

一、个人养老金储蓄存款

根据《商业银行和理财公司个人养老金业务管理暂行办法》，开办个人养老金业务的商业银行所发行的储蓄存款（包括特定养老储蓄，不包括其他特定目的储蓄）可纳入个人养老金产品范围，由参加人通过资金账户购买。参加人仅可购买其本人资金账户开户行所发行的储蓄产品。

二、个人养老金理财产品

根据《商业银行和理财公司个人养老金业务管理暂行办法》，个人养老金理财产品应当符合法律法规及相关监管规定，具备运作安全、成熟稳定、标的规范、侧重长期保值等特征，包括：（1）养老理财产品；（2）投资风格稳定、投资策略成熟、运作合规稳健，适合个人养老金长期投资或流动性管理需要的其他理财产品；（3）银保监会规定的其他理财产品。

个人养老金理财产品应在销售文件中明确标识"个人养老金理财"字样。

三、个人养老金保险产品

根据《关于保险公司开展个人养老金业务有关事项的通知》，个人养老金保险产品应当符合以下要求：（1）保险期间不短于5年；（2）保险责任限于生存保险金给付、满期保险金给付、死亡、全残、达到失能或护理状态；（3）能够提供趸交、期交或不定期交费等方式满足个人养老金制度参加人交费要求；（4）银保监会规定的其他要求。

银保行业平台应定期公布个人养老金保险产品名单，以供公众查询和了解。

四、个人养老金基金产品

根据《个人养老金投资公开募集证券投资基金业务管理暂行规定》，个人养老金可以投资的基金产品应当具备运作安全、成熟稳定、标的规范、侧重长期保值等特征，且基金管理人具备《公开募集证券投资基金运作管理办法》第六条规定的条件。产品类型包括：（1）最近4个季度末规模不低于5 000万元或者上一季度末规模不低于2亿元的养老目标基金；（2）投资风格稳定、投资策略清晰、运作合规稳健且适合个人养老金长期投资的股票基金、混合基金、债券基金、基金中基金和中国证监会规定的其他基金。

个人养老金基金名录由中国证监会确定，每季度通过中国证监会网站、基金业协会网站、基金行业平台等向社会发布。

第23问 个人养老金政策对管理机构有哪些信息保管要求?

一、商业银行

根据《商业银行和理财公司个人养老金业务管理暂行办法》,商业银行应当建立个人养老金业务档案管理制度,按照规定保存业务相关的个人信息、缴费和养老金领取等账务交易信息,以及在个人养老金产品销售环节涉及的文件、记录等资料。

商业银行开立资金账户,应当登记开户人的基本信息、辅助身份证明文件信息、核验记录等,以电子或纸质方式留存开户人身份信息。

商业银行开立资金账户,应当严格落实个人账户实名制要求,做好客户身份信息收集与核查、反洗钱和反恐怖融资筛查、涉赌涉诈筛查等,并完成手机短信验证等必要身份核验工作。商业银行为参加人办理在线开户服务时,应当将相关有效的生物特征识别技术或其他安全有效的技术作为身份核验的辅助手段,核实身份信息。

商业银行应当在网络查控平台、电子化专线信息传输系统等相关平台和系统对资金账户进行特殊标识,并作出在符合国家规定的领取条件前,限制冻结、扣划的设置。

二、理财公司

根据《商业银行和理财公司个人养老金业务管理暂行办法》,理财公司作为个人养老金理财产品发行机构,应当符合相关审慎监管要求,建立完善、有效的公司治理、内部控制和风险管理体系,制定完备的个人养老金理财产品内部管理制度,具备与开展个人养老金理财业务相适应的信息系统,与理财行业平台对接,能够提供相应的技术支持和运营保障。

三、保险公司

根据《关于保险公司开展个人养老金业务有关事项的通知》，保险公司应具备完善的信息管理系统，与银保行业平台实现系统连接，并按相关要求进行信息登记和交互。

四、基金管理人、基金销售机构

根据《个人养老金投资公开募集证券投资基金业务管理暂行规定》，基金管理人、基金销售机构应当与基金行业平台建立系统连接，按照基金行业平台相关业务规则及技术规范要求与基金行业平台交互相关业务数据，并确保数据的完整性、准确性、安全性、及时性。

第24问 个人养老金政策对管理机构有哪些信息披露要求？

一、商业银行

根据《商业银行和理财公司个人养老金业务管理暂行办法》，商业银行应当通过公开渠道，公布个人养老金业务基本情况、办理要求、业务流程、服务内容、咨询和投诉方式、客户服务联系方式等信息，并提供个人养老金信息查询、交易办理等服务。

理财产品销售方面，开办个人养老金业务的商业银行应当建设与个人养老金理财产品相适应的信息系统，与理财行业平台对接，根据人社信息平台和理财行业平台发布的信息，通过适当方式向参加人完整披露个人养老金理财产品名单，保障参加人的合法权益。涉及个人养老金理财产品的，商业银行或理财公司应当及时将以下信息报送至理财行业平台：（1）由商业银行和直接销售个人养老金理财产品的理财公司报送个人基本信息；（2）由商业银行报送资金信息，包括缴费信息、资金划转信息、相关资产转移信息、领取信息、资金余额信息、缴纳个人所得税信息等；（3）由提供托管服务的商业银行报送产品托管信息。

涉及个人养老金理财产品交易的，商业银行应当将资金账户变更、注销等账户信息以及个人养老金理财产品相关交易信息实时报送理财行业平台，将资金账户缴费、领取等资金信息定期批量报送理财行业平台。

资金账户开立方面，商业银行为参加人开立资金账户后，应当及时将以下信息报送至银保行业平台：（1）个人基本信息，包括个人身份信息、资金账户信息等；（2）产品投资信息，包括产品交易信息、资产信息等；（3）资金信息，包括缴费信息、资金划转信息、相关资产转移信息、领取信息、资金余额信息、缴纳个人所得税信息等。

根据业务流程和信息时效性需要，商业银行按照实时、定期批量两类时效，向银保行业平台报送信息，其中：（1）商业银行办理资金账户开立、变更、注销等服务时，应当实时报送信息；（2）商业银行办理完资金账户缴费、资金领取，以及个人养老金产品相关交易服务后，应当定期批量报送信息；（3）商业银行发行个人养老储蓄和代销个人养老金保险产品的，应当定期批量报送信息。

特殊事件方面，发生可能对资金账户和个人养老金产品运营产生重大影响的事件时，商业银行应当立即将事件起因、现状和可能产生的后果等，报告相关金融监管机构和人力资源社会保障部门，并积极采取应对措施。商业银行开展个人养老金业务，发现参加人有涉嫌洗钱、逃避税收管理等违法违规行为的，应当按照国家有关规定及时向相关部门报告。

商业银行、银保行业平台应当于每年 1 月 31 日前，向银保监会或其派出机构报送上一年度个人养老金业务情况报告。

二、理财公司

根据《商业银行和理财公司个人养老金业务管理暂行办法》，个人养老金理财产品发行机构和销售机构应当按照法律法规及相关监管规定，通过公开渠道，真实准确、合理客观、简明扼要地披露个人养老金理财产品相关信息，不得宣传策略保本，不得承诺或宣传保本保收益。

个人养老金理财产品发行机构和销售机构为投资者提供产品份额转换、默认投资选择等服务的，应当符合个人养老金相关制度和监管规定，并向投资者充分披露信息和揭示风险。

涉及个人养老金理财产品的，理财公司应当及时将以下信息报送至理财行业平台：由理财公司报送产品投资信息，包括产品交易信息、资产信息、投资者交易明细和持仓情况等。

涉及个人养老金理财产品交易的，理财公司应当将发行的个人养老金理财产品及销售机构、托管机构、投资者信息定期批量报送理财行业平台。

理财公司、理财行业平台应当于每年 1 月 31 日前，向银保监会或其派出机构报送上一年度个人养老金业务情况报告。

三、保险公司

根据《关于保险公司开展个人养老金业务有关事项的通知》，开展个人养老金业务的保险公司应当于每年 1 月 31 日前，向银保监会及其相关派出机构报送上一年度个人养老金业务经营报告，包括经营情况、保险条款和费率审批或备案情况、资金运用情况等。

四、基金管理人、基金销售机构

根据《个人养老金投资公开募集证券投资基金业务管理暂

行规定》，基金销售机构应当为投资人提供便捷的信息查询服务，查询信息包括但不限于个人基本信息、基金产品基本信息、持有份额信息等。根据投资人授权，基金销售机构可以依法协助投资人查询个人养老金缴费等相关信息。

个人养老金基金出现下列情形的，基金管理人应当在5个工作日内向中国证监会报告，中国证监会将不定期移出名录：（1）依据法律法规规定及基金合同约定，不再符合产品存续条件的；（2）产品发生重大变化导致不再适合个人养老金投资的；（3）中国证监会规定的其他情形。个人养老金基金被移出名录后，基金管理人、基金销售机构等机构应当做好信息披露和提示等工作，并暂停办理相关产品份额的申购等。

个人养老金基金应当针对个人养老金投资基金业务设立单独的份额类别，在基金合同、招募说明书等文件中清晰约定，并依法进行注册或者备案。

第25问　个人养老金政策如何保障个人投资者的权益？

一、商业银行

根据《商业银行和理财公司个人养老金业务管理暂行办法》，商业银行应当建立健全消费者权益保护机制，完善消费者权益保护内部考核体系，构建便捷高效的投诉处理渠道，将消费者权益保护要求嵌入个人养老金业务全流程管理体系。

个人养老金缴费归集、交易资金划转等，以资金账户为唯一载体。个人养老金产品相关交易行为涉及的资金往来，除另有规定外，应当从资金账户发起，并返回资金账户。

商业银行应当按照产品交易规则，为参加人提供个人养老金产品的各类交易、查询等服务。商业银行向参加人提供的个人养老金产品信息,包括但不限于管理人或保险人情况、投资策略、投资范围、历史投资业绩、保险责任、除外责任等。

二、理财公司

根据《商业银行和理财公司个人养老金业务管理暂行办法》,理财公司应当建立健全消费者权益保护机制,完善消费者权益保护内部考核体系,构建便捷高效的投诉处理渠道,将消费者权益保护要求嵌入个人养老金业务全流程管理体系。

个人养老金理财产品发行机构和销售机构应当按照法律法规及相关监管规定,通过公开渠道,真实准确、合理客观、简明扼要地披露个人养老金理财产品相关信息,不得宣传策略保本,不得承诺或宣传保本保收益。

个人养老金理财产品发行机构和销售机构为投资者提供产品份额转换、默认投资选择等服务的,应当符合个人养老金相关制度和监管规定,并向投资者充分披露信息和揭示风险。

三、保险公司

根据《关于保险公司开展个人养老金业务有关事项的通知》,保险公司应当在自营网络平台、移动客户端等为个人养老金相关业务建立专区,提供业务咨询、权益查询、信息披露、消费投诉、教育宣传等服务。其中,保险公司提供的个人权益信息包括但不限于交费情况、现金价值,以及相关保险责任等。

保险公司与参加人签订保险合同前,应当就以下事项专门作出说明:(1)个人养老金制度及其税收政策;(2)个人养老金资金账户管理要求;(3)银保行业平台信息管理要求。

四、基金管理人、基金销售机构

根据《个人养老金投资公开募集证券投资基金业务管理暂

行规定》，基金管理人、基金销售机构应当针对个人养老金投资基金业务，建立健全并有效执行专门的管理制度和流程，完善组织架构和系统建设，配备足够的专业人员，强化投资、研究、销售、风险管理、投资者教育、客户服务等能力建设，确保业务运作符合个人养老金相关制度及中国证监会的规定，切实维护投资人合法权益。

个人养老金资金和资产独立于基金管理人、基金销售机构、基金托管人等机构的自有资产。非因投资人本身的债务或者法律法规规定的其他情形，不得查封、冻结、扣划或者强制执行个人养老金投资基金业务的基金销售结算资金、基金份额。

基金管理人在个人养老金基金的投资管理过程中，应当恪尽职守、专业审慎，结合个人养老金投资基金业务特点，坚持长期投资、价值投资，加强对个人养老金基金资产配置、投资标的、估值方法、风险状况、产品业绩等方面的研究分析，确保投资管理的科学性、稳健性和长期性。

基金销售机构应当向投资人充分解释说明个人养老金相关制度，在投资人首次投资个人养老金基金前，向投资人特别提示以下信息，并由投资人确认：（1）基金份额赎回等款项将转入个人养老金资金账户，投资人未达到领取基本养老金年龄或者政策规定的其他领取条件时不可领取个人养老金；（2）投资人应当如实提供个人身份信息、个人养老金资金账户信息；（3）基金管理人、基金销售机构对个人信息的收集、保存、使用等情况；（4）个人养老金投资基金业务具有自愿参加、自主选择、自担风险等业务属性；（5）个人养老金每年缴费额度上限及相关税收政策；（6）其他重要信息。

基金销售机构为投资人办理其他基金份额向个人养老金基金份额转换业务、提供默认投资选择等服务的，应当符合个人养老金相关制度和中国证监会的规定,并在销售协议中充分揭示服务内容和风险。基金销售机构在有效核实投资人身份及交易意愿、确保资金安全的前提下,可以将投资人赎回其他基金份额的销售结算资金转入投资人个人养老金资金账户,转入金额应当符合个人养老金制度关于缴费额度上限的规定。基金销售结算资金监督机构应当依法对相关销售结算资金划转流程进行监督。

基金销售机构应当在其互联网网站、移动客户端等渠道的醒目位置设立个人养老金投资基金业务专区,提供业务咨询、产品申赎、信息查询等相关服务。

基金销售机构应当为投资人提供便捷的信息查询服务,查询信息包括但不限于个人基本信息、基金产品基本信息、持有份额信息等。根据投资人授权,基金销售机构可以依法协助投资人查询个人养老金缴费等相关信息。

基金销售机构应当及时处理投资人提出的个人养老金投资基金业务相关投诉、咨询及意见建议。

第26问 个人养老金政策如何引导各机构开展个人养老金资金投资工作?

一、理财公司

根据《商业银行和理财公司个人养老金业务管理暂行办法》,个人养老金理财产品发行机构、销售机构和托管机构应当在人员数量和资质、激励和考核机制以及信息系统建设等方面给予个人养老金理财产品业务足够支持,确保业务开展具备所需要的各类资源。

个人养老金理财产品发行机构应当建立专门的个人养老金理财产品投资研究团队,优选投资经验丰富、投资业绩良好、无重大管理失当行为或重大违法违规记录的投资人员担任投资经理。

二、保险公司

根据《关于保险公司开展个人养老金业务有关事项》，保险公司应当加强个人养老金资金管控，个人养老金保险产品相关业务发生的各类资金往来应当符合个人养老金资金账户封闭管理要求。

三、基金管理人、基金销售机构

根据《个人养老金投资公开募集证券投资基金业务管理暂行规定》，基金管理人在个人养老金基金的投资管理过程中，应当恪尽职守、专业审慎，结合个人养老金投资基金业务特点，坚持长期投资、价值投资，加强对个人养老金基金资产配置、投资标的、估值方法、风险状况、产品业绩等方面的研究分析，确保投资管理的科学性、稳健性和长期性。

基金管理人、基金销售机构应当建立长周期考核机制，对个人养老金投资基金业务、产品业绩、人员绩效的考核周期不得短于5年。

基金管理人应当建立有效机制，严格遵守基金合同约定的投资目标、投资策略和投资限制，保持清晰、稳定的投资风格，合理控制投资组合与业绩比较基准的偏离。

基金管理人应当根据个人养老金投资基金业务特征，建立健全风险管理机制和应急预案，有效防范和控制各类风险对产品运作的影响，确保投资人的合法权益不受损害并得到公平对待。

第27问　个人养老金政策对各机构内部控制有何要求？

一、商业银行

根据《商业银行和理财公司个人养老金业务管理暂行办法》，

商业银行应当建立健全个人养老金业务管理制度和操作规程，将个人养老金业务风险管理纳入商业银行全面风险管理体系，确保业务经营符合法律法规及相关监管规定。

商业银行负责个人养老金业务的部门以及内部审计、内控管理等职能部门应当根据职责分工，建立并有效实施个人养老金业务内部监督检查和跟踪整改制度。

商业银行应当按照监管规定，对其发行和代销的个人养老金产品按照统一制度、标准、流程进行管理。商业银行应当建立健全内部管理制度，包括合作机构管理、产品准入管理、投资人适当性管理、销售管理、全面风险管理、信息披露和保密管理、投诉和应急处理、销售系统支持等，并及时对存在严重违规行为、重大风险或其他不符合合作标准的机构与产品实施退出。

二、理财公司

根据《商业银行和理财公司个人养老金业务管理暂行办法》，理财公司作为个人养老金理财产品发行机构，应当符合相关审慎监管要求，建立完善、有效的公司治理、内部控制和风险管理体系，制定完备的个人养老金理财产品内部管理制度，具备与开展个人养老金理财业务相适应的信息系统，与理财行业平台对接，能够提供相应的技术支持和运营保障。

个人养老金理财产品发行机构和销售机构应当完善个人养老金理财产品内部考核机制，强化激励约束，建立兼顾收益与风险的长周期绩效考核机制，将长期投资收益等纳入投资经理和销售人员考核评价和薪酬体系。

三、保险公司

根据《关于保险公司开展个人养老金业务有关事项的通知》，保险公司应当切实履行销售管理主体责任，健全管理制度体系，加强机构管理、人员管理和销售行为全流程管控。保险公司负责制作销售宣传材料并督促使用,不得授权分支机构、中介机构或个人自行制作或修改。

四、基金管理人、基金销售机构

根据《个人养老金投资公开募集证券投资基金业务管理暂行规定》,基金管理人、基金销售机构应当针对个人养老金投资基金业务,建立健全并有效执行专门的管理制度和流程,完善组织架构和系统建设。基金销售机构应当满足公司治理健全,内部控制完善,具备较高的合规管理水平的条件。

第28问 个人养老金政策规定了哪些针对个人养老金产品管理销售机构的监管要求?

一、商业银行

根据《商业银行和理财公司个人养老金业务管理暂行办法》,开办个人养老金业务的商业银行名单由银保监会确定。银保监会及其派出机构依照本办法,对商业银行个人养老金业务经营活动进行监督管理。

银保监会及其派出机构对个人养老储蓄、个人养老金理财等个人养老金产品进行动态监管,对不满足个人养老金业务监管要求的产品实施退出。

商业银行发行与代销的个人养老金产品,应当符合金融监管机构有关规定。商业银行不得向参加人推荐和销售不符合金融监管机构规定的个人养老金产品。

银保监会对开办个人养老金业务的商业银行进行持续监管。对于不满足个人养老金业务监管要求的商业银行,银保监会及其派出机构有权责令该机构改正。逾期未改正或存在其他严重情节的，银保监会及其派出机构有权停止该机构新开展个人养老金业务，并视情况将其移出名单。

商业银行被停止新开展个人养老金业务期间，应当做好存量业务缴费、产品转换、个人养老金领取等服务和数据报送工作。

商业银行有下列行为之一的，由银保监会及其派出机构依照有关法律法规，对商业银行和（或）直接负责的董事、高级管理人员和其他直接责任人员采取相应措施：（1）未建立或执行资金账户相关业务管理、操作规程、风险防控、信息保密等制度的；（2）违反规定为个人办理资金账户开立、变更、个人养老金缴费及领取、个人养老金产品销售等业务的；（3）未按规定对资金账户开户申请人身份信息进行审核和验证，造成虚假开户或冒用开户的；（4）未按规定及时向人社信息平台和银保行业平台、理财行业平台报送信息的；（5）其他违反本办法及有关规定的行为。

商业银行工作人员泄露资金账户信息等内容的，按照有关法律法规等进行处罚。构成犯罪的，依法追究刑事责任。

商业银行应当审慎经营资金账户业务，若因违反规定等被移出可开办个人养老金业务机构名单，或商业银行因解散、被撤销和被宣告破产而终止的，其资金账户及资金应转让给其他开办个人养老金业务的商业银行。不能与其他商业银行达成转让协议的，由银保监会按照有关法律法规，将资金账户及资金有序转至其他可开办个人养老金业务的商业银行。

二、理财公司

根据《商业银行和理财公司个人养老金业务管理暂行办法》，开办个人养老金业务的理财公司名单由银保监会确定。银保监会及其派出机构依照本办法，对理财公司个人养老金业务经营活动进行监督管理。

银保监会对开办个人养老金业务的理财公司进行持续监管。对于不满足个人养老金业务监管要求的理财公司,银保监会及其派出机构有权责令该机构改正。逾期未改正或存在其他严重情节的,银保监会及其派出机构有权停止该机构新开展个人养老金业务,并视情况将其移出名单。对于不满足监管要求的个人养老金理财产品,将不定期移出名单。

理财公司被停止新开展个人养老金业务期间,应当暂停已发行个人养老金理财产品的申购。

个人养老金理财产品被移出名单后,理财公司和个人养老金理财产品销售机构应当暂停该产品申购并妥善处理,充分保障投资者合法权益。

三、保险公司

根据《关于保险公司开展个人养老金业务有关事项的通知》,银保监会及其派出机构应当加强对保险公司经营个人养老金相关业务的监管,对于产品管理、销售管理、投资管理、信息披露等方面发现的问题,采取风险提示、监管约谈、责令限期整改等监管措施,依法进行行政处罚。对涉嫌犯罪的,移送司法机关处理。

四、基金管理人、基金销售机构

根据《个人养老金投资公开募集证券投资基金业务管理暂行规定》,中国证监会及其派出机构依据法律法规对基金管理人、基金销售机构等机构开展个人养老金投资基金业务的情况进行定期或者不定期检查,基金管理人、基金销售机构等机构应当予以配合。

中国证监会及其派出机构定期对基金管理人、基金销售机构开展个人养老金投资基金业务情况进行动态监管,包括个人养老金基金投资运作情况、销售保有规模、投资人长期收益、客户服务能力等。相关结果应用于基金管理人分类评价、业务创新评估等，不合格的个人养老金基金或者基金销售机构从名录中移出。

中国证券投资基金业协会依照法律法规、本规定及自律规则，对个人养老金投资基金业务实施自律管理。

基金管理人、基金托管人、基金销售机构、基金评价机构等机构违反法律法规和本规定的，中国证监会、银保监会根据《公开募集证券投资基金运作管理办法》《证券投资基金托管业务管理办法》《公开募集证券投资基金销售机构监督管理办法》《证券投资基金评价业务管理暂行办法》等文件，对有关机构和人员采取行政监管措施；依法应予行政处罚的，依照有关规定进行行政处罚；涉嫌犯罪的，移送司法机关，追究刑事责任。

第29问 根据个人养老金政策规定，哪些人可以投资个人养老金？

根据《个人养老金实施办法》，只要是在中国境内参加城镇职工基本养老保险或者城乡居民基本养老保险的劳动者，都可以参加个人养老金，已经领取基本养老金的退休人员不能参加个人养老金。

实践中，为了在不同类型的城市中积累经验，以便更好地反映个人养老金制度在各类城市的实施效果，并逐步推广至全国，2022年11月17日，人力资源社会保障部办公厅、财政部办公厅、税务总局办公厅印发《关于公布个人养老金先行城市（地区）的通知》，正式确定36个先行城市（地区）名单：北京市、天津市、石家庄市、雄安新区、晋城市、呼和浩特市、沈阳市、大连市、长春市、哈尔滨市、上海市、苏州市、杭州市、宁波市、合肥市、福建省、南昌市、青岛市、东营市、郑州市、武汉市、长沙市、广州市、深圳市、南宁市、海口市、重庆市、成都市、贵阳市、玉溪市、拉萨市、西安市、庆阳市、西宁市、银川市、乌鲁木齐市。

通知明确，先行城市或地区符合条件的群众可自愿参加个人养老金。

第30问　参加个人养老金有哪些时间限制？

根据《个人养老金实施办法》，参加人自主决定全程参加或者部分年度参加，既可以一次性缴费也可以分次缴费，自主选择购买符合规定的个人养老金产品。

在参加频率上，参加人可以按月、分次或者按年度缴费，缴费额度按自然年度累计，次年重新计算。

这些规定为参加人提供了较大的灵活性，允许他们根据自己的实际情况和偏好来参加个人养老金。

第31问　个人养老金有哪些额度限制？

根据《个人养老金实施办法》，目前，参加人每年缴纳个人养老金额度上限为12 000元。参加人可以按月、分次或者按年度缴费，缴费额度按自然年度累计，次年重新计算。未来人力资源社会保障部、财政部等相关部门会根据经济社会发展水平、多层次养老保险体系发展情况等因素适时调整缴费额度上限。

第32问　个人养老金账户资金什么时候可以领取？

根据《关于推动个人养老金发展的意见》，个人养老金资金账户封闭运行,参加人达到以下任一条件的,可以按月、分次或者一次性领取个人养老金:(1)达到领取基本养老金年龄;(2)完全丧失劳动能力;(3)出国(境)定居;(4)国家规定的其他情形。因此,参加人要根据自身情况,合理确定缴存资金,同时在缴存环节也要谨慎操作,避免误转误存。

第33问 个人养老金账户是否可以变更？有何条件？

根据《个人养老金实施办法》,参加人可以在不同商业银行之间变更其个人养老金资金账户。参加人办理个人养老金资金账户变更时,应向原商业银行提出,经人社信息平台确认后,在新商业银行开立新的个人养老金资金账户。

参加人在个人养老金资金账户变更后,人社信息平台向原商业银行提供新的个人养老金资金账户及开户行信息,向新商业银行提供参加人当年剩余缴费额度信息。参与金融机构按照参加人的要求和相关业务规则,为参加人办理原账户内资金划转及所持有个人养老金产品转移等手续。

参加人完成个人养老金资金账户内资金(资产)转移,或者账户内的资金(资产)领取完毕的,商业银行注销该资金账户。

第34问 个人养老金如何领取？

参加人已领取基本养老金的,可以向商业银行提出领取个人养老金。商业银行受理后,应通过人社信息平台核验参加人的领取资格,获取参加人本人社会保障卡银行账户,按照参加人选定的领取方式,完成个人所得税代扣后,将资金划转至参加人本人社会保障卡银行账户。

参加人符合完全丧失劳动能力、出国（境）定居或者国家规定的其他情形等领取个人养老金条件的，可以凭劳动能力鉴定结论书、出国（境）定居证明等向商业银行提出。商业银行审核并报送人社信息平台核验备案后，为参加人办理领取手续。

《个人养老金实施办法》鼓励参加人长期领取个人养老金。参加人按月领取时，可以按照基本养老保险确定的计发月数逐月领取，也可以按照自己选定的领取月数逐月领取，领完为止；或者按照自己确定的固定额度逐月领取，领完为止。参加人选取分次领取的，应选定领取期限，明确领取次数或方式，领完为止。

根据《商业银行和理财公司个人养老金业务管理暂行办法》，资金领取时，不受Ⅱ类户转出金额限制。

第35问　个人养老金是否可以提前领取？

根据《关于推动个人养老金发展的意见》有关规定，个人养老金资金账户实行封闭运行，其权益归参加人所有，除另有规定外不得提前支取。

第36问　若参加人已达到个人养老金领取年龄，但持有的个人养老金产品未到期，是否可以赎回？

根据《个人养老金实施办法》，个人养老金资金账户封闭运行，参加人达到领取基本养老金年龄、完全丧失劳动能力、出国（境）定居，以及国家规定的其他情形，可以按月、分次或者一次性领取个人养老金。这意味着即使持有的个人养老金产品未到期，只要参加人达到了领取条件，就可以按照规定领取个人养老金。一般需要参加人在达到条件后，联系开立养老金资金账户的银行，申请一次性领取结清。具体可以在满足条件时咨询银行。

第37问　个人养老金账户是否可以继承？如何继承？

根据《关于推动个人养老金发展的意见》有关规定，参加人死亡后，其个人养老金资金账户中的资产可以继承。

根据《个人养老金实施办法》，参加人身故的，其个人养老金资金账户内的资产可以继承。参加人因出国（境）定居、身故等原因，社会保障卡被注销的，商业银行将参加人个人养老金资金账户内的资金转至其本人或者继承人指定的资金账户。

根据《商业银行和理财公司个人养老金业务管理暂行办法》，参加人身故的，资金账户的资产可以依法被继承，商业银行按照继承人要求办理产品赎回等。参加人因出国（境）定居、身故等原因，无社会保障卡的，商业银行审查后，在符合有关规定的前提下，可以将资金账户内资金转移至参加人本人或继承人指定的其他银行账户。

根据《个人养老金投资公开募集证券投资基金业务管理暂行规定》，基金管理人、基金销售机构办理继承等事项的，应当通过份额赎回方式办理，个人养老金相关制度另有规定的除外。

第38问　个人养老金有哪些税收优惠？

就个人所得税优惠而言，根据《关于个人养老金有关个人所得税政策的公告》，自2022年1月1日起，对个人养老金实施递延纳税优惠政策。在缴费环节，个人向个人养老金资金账户的缴费，按照12 000元/年的限额标准，在综合所得或经营所得中据实扣除；在投资环节，计入个人养老金资金账户的投资收益暂不征收个人所得税；在领取环节，个人领取的个人养老金，不并入综合所得，单独按照 3% 的税率计算缴纳个人所得税，其缴纳的税款计入"工资、薪金所得"项目。

第 39 问　个人养老金政策对已缴纳的社会保险和年金有何影响？

根据国务院新闻办公室于 2022 年 4 月 25 日举行国务院政策例行吹风会的答复，个人养老金作为养老保险体系的第三支柱，旨在补充第一支柱的基本养老保险和第二支柱的企业（职业）年金，形成多层次的养老保险体系。个人养老金的参加不会影响已有的基本养老保险和企业（职业）年金的缴纳与领取，而是作为额外的积累，增加退休后的收入来源。

第一支柱基本养老保险是保障基本生活的，第二支柱企业年金和职业年金是单位建立的，起到补充养老作用。现在增加的个人养老金，不仅为参加第二支柱的人员增加了一条补充养老的渠道，对没有参加第二支柱的人员而言，也增加了一条补充养老的渠道。

第三部分

业务指引

第 40 问　如何确定自身是否有必要投资个人养老金?

在自身需求层面,可以从以下十个方面进行考虑。

1.**退休规划**。考虑自身的退休目标和生活预期,是否需要额外的养老金来补充基本养老保险。

2.**财务状况**。评估当前的财务状况,是否有足够的资金用于长期投资,同时不影响当前的生活质量。

3.**风险偏好**。了解自己的风险承受能力,个人养老金产品可能涉及不同的风险和回报等级。

4.**税收优惠**。了解个人养老金的税收优惠政策,是否对自身的财务规划有积极影响。

5.**投资知识**。考虑自身对金融市场和投资产品的了解程度,是否需要复杂的产品。

6.**流动性需求**。个人养老金账户的资金通常有封闭期,考虑在这期间是否可能需要动用这部分资金。

7.**政策支持**。了解国家对个人养老金的政策支持,包括缴费上限、投资范围、领取条件等。

8. 长期投资视角。个人养老金是一种长期投资,考虑是否愿意进行长期的资金锁定。

9. 个人情况。个人情况包括家庭责任、健康状况、职业稳定性等,这些都可能影响自身对个人养老金的需求。

10. 咨询专业人士。如果不确定,可以咨询财务顾问或相关专业人士,获取个性化的建议。

投资个人养老金是一项长期的财务决策,需要根据个人的具体情况和未来的财务规划来决定。

第41问 如何开始规划自身的个人养老金?

一、评估退休生活需求

估算退休后的月度生活费用,包括住房、医疗、娱乐等各项支出。考虑通货膨胀因素,预测未来的实际生活费用。了解个人基本情况,是否有基本养老金和企业(职业)年金的预计收入,确定个人需要补充的养老金额度。

二、计算所需的养老金储备

根据预估的生活费用和预计收入,计算出所需的养老金储备总额。考虑个人的身体情况和退休年龄,确定所需的每月养老金额度。

三、制订储蓄计划

根据个人的收入水平和储蓄能力,确定每月的养老金储蓄目标。选择合适的储蓄渠道,如企业年金、个人商业养老保险、基金等。合理安排储蓄计划,确保在退休时能够积累所需的养老金。

四、定期评估和调整

每年定期评估储蓄计划的执行情况，根据实际情况进行必要的调整。关注市场环境和政策变化，适时调整投资策略和储蓄方案。密切关注个人生活状况的变化，及时修订养老金规划。

五、合理利用税收优惠政策

充分利用税收优惠政策，如企业年金个人所得税优惠、商业养老保险税收递延等。合理安排养老金的投资和提取，以最大化税收优惠效果。

投资者可以结合个人的实际情况，制订出切实可行的养老金储蓄计划，为退休生活提供有效保障。

第 42 问 参加个人养老金需要开立哪些账户？它们有什么区别？

参加个人养老金主要需要开立个人养老金账户、个人养老金资金账户以及个人养老金基金专用交易账户。

一、个人养老金账户

根据《个人养老金实施办法》，个人养老金账户用于登记和管理个人身份信息，并与基本养老保险关系关联，记录个人养老金缴费、投资、领取、抵扣和缴纳个人所得税等信息，是参加人参加个人养老金、享受税收优惠政策的基础。

二、个人养老金资金账户

根据《个人养老金实施办法》，个人养老金资金账户作为特殊专用资金账户，参照个人人民币银行结算账户项下Ⅱ类户进行管理。个人养老金资金账户与个人养老金账户绑定，为参加人提供资金缴存、缴费额度登记、个人养老金产品投资、个人养老金支付、个人所得税税款支付、资金与相关权益信息查询等服务。

三、个人养老金基金专用交易账户

申购个人养老金基金产品的参加人,应当在基金销售机构的协助下办理个人养老金基金专用交易账户,并绑定个人养老金资金账户作为结算账户。

个人养老金账户和个人养老金资金账户共同构成了个人养老金制度的核心,前者侧重于信息记录和税收优惠,后者侧重于资金的封闭运行和投资管理。

第 43 问 哪些渠道可以开立个人养老金账户、个人养老金资金账户?

一、个人养老金账户

根据《个人养老金实施办法》,参加人参加个人养老金,应当通过全国统一线上服务入口或者商业银行渠道,在人社信息平台开立个人养老金账户;其他个人养老金产品销售机构可以通过商业银行渠道,协助参加人在人社信息平台在线开立个人养老金账户。

1. **商业银行渠道**。参加人可以通过商业银行提供的线上或线下服务,在人社信息平台开立个人养老金账户。首批开办个人养老金业务的商业银行名单见表3-1。

2. **线上服务入口**。参加人也可以通过国家社会保险公共服务平台、全国人力资源和社会保障政务服务平台、电子社保卡、掌上12333 App等全国统一线上服务入口开立个人养老金账户。

二、个人养老金资金账户

根据《个人养老金实施办法》,参加人可以选择一家商业银行开立或者指定本人唯一的个人养老金资金账户,也可以通过其他符合规定的个人养老金产品销售机构指定。

表3-1 商业银行个人养老金业务开办情况

序号	商业银行	开通业务				
		资金账户业务	基金交易业务	保险交易业务	理财交易业务	储蓄交易业务
1	招商银行	√	164	7	11	√
2	兴业银行	√	163	7	4	√
3	中国银行	√	156	6	5	√
4	中信银行	√	149	5	1	√
5	交通银行	√	134	7	9	√
6	平安银行	√	145		4	√
7	农业银行	√	134	10	4	√
8	光大银行	√	119	4	3	√
9	宁波银行	√	109		6	√
10	建设银行	√	105	3	4	√
11	广发银行	√	99	4	4	√
12	民生银行	√	93	4	5	√
13	浦发银行	√	71	6	1	√
14	工商银行	√	47	6	8	√
15	邮储银行	√	46	4	3	√
16	华夏银行	√	48	1		√
17	北京银行	√	37	5	4	√
18	上海银行	√	36	4	6	√
19	江苏银行	√	34	1	3	√
20	浙商银行	√			4	√
21	渤海银行	√		1		√
22	南京银行	√				√
23	恒丰银行	√				

注：按照商业银行销售公募基金、商业养老保险、银行理财产品数量总数排序。

第44问 开立个人养老金账户需要准备哪些材料？有哪些具体流程？

根据《个人养老金实施办法》，开立个人养老金账户，根据政策规定，有多种渠道。

一、以电子社保卡为例

1. 登录电子社保卡。

（1）电子社保卡—首页—为你推荐—个人养老金；

（2）首页—专题服务—个人养老金；

（3）人社办事—社会保障—个人养老金；

（4）在首页搜索"个人养老金"等方式进入服务。

2. 首次进入个人养老金服务时，通过点击"立即开通"按钮进入个人养老金账户开立服务。

3. 进入"账户开立"页面，阅读个人开户须知并完成个人信息确认，点击"账户开立"按钮，通过人脸识别认证后，即完成个人养老金账户开立。

需要注意的是，个人养老金账户和个人养老金资金账户都是唯一的。

二、以国家社会保险公共服务平台为例

1. 登录国家社会保险公共服务平台，注册登录。

2. 点击"个人养老金账户开立"服务，系统自动带出姓名、社会保障号码，参加人阅读《个人养老金账户开户须知》后，点击"账户开立"，即可完成个人养老金账户开立。

3. 后续可通过"个人养老金账户信息查询"服务，查询个人养老金账户开立信息。

第 45 问　如何开立个人养老金资金账户？有哪些具体流程？

根据《个人养老金实施办法》，参加人可通过商业银行机构柜面或者电子渠道，开立个人养老金资金账户。开立个人养老金资金账户时，应当按照金融监管部门要求向商业银行提供有效身份证件等材料。

根据《商业银行和理财公司个人养老金业务管理暂行办法》，个人养老金资金账户可以由参加人在开办个人养老金业务的商业银行开立或指定，也可以由参加人通过其他符合规定的个人养老金产品销售机构，在开办个人养老金业务的商业银行指定，但不得由个人养老金产品销售机构直接在商业银行开立。

商业银行可以通过柜面或电子渠道为参加人办理个人养老金资金账户开立或指定服务。个人养老金资金账户不受 6 个月未发生交易暂停非柜面服务限制。

参加人向商业银行申请开立个人养老金资金账户，可以由本人办理或委托他人办理，也可以委托在职单位批量办理。

一、本人办理

参加人只能选择一家符合条件的商业银行确定一个个人养老金资金账户，商业银行只能为同一参加人开立一个个人养老金资金账户。参加人应当配合商业银行严格落实个人账户实名制要求，配合银行做好客户身份信息收集与核查，并完成手机短信验证等必要身份核验工作。具体开户流程见各银行指引。

二、委托代理

参加人委托他人或单位开立个人养老金资金账户后，应当按照账户实名制要求，及时办理账户激活手续并设置交易密码。

代理开立个人养老金资金账户的,商业银行应当要求代理人提供代理人、被代理人有效身份证件的复印件,合法的授权委托书等。商业银行对代理人身份信息的核验应比照本人申请开立个人养老金资金账户进行,并联系被代理人进行核实。无法确认代理关系的,商业银行不得办理该个人养老金资金账户开立业务。

商业银行应当登记代理人和被代理人的身份信息,留存代理人和被代理人有效身份证件的复印件或影印件、以电子方式存储的身份信息以及授权委托书原件等,有条件的可以留存开户过程的音频或视频等资料。

单位代理职工开立个人养老金资金账户的,应当提供单位证明材料、被代理人有效身份证件的复印件或影印件等材料。

单位代理开立个人养老金资金账户的,在参加人持本人有效身份证件到开户银行营业网点办理身份确认、密码设(重)置等激活手续前,商业银行可以向参加人提供资金转入、产品购买等服务,但不得提供资金领取服务。

第46问 个人养老金如何缴存?

根据《个人养老金实施办法》,个人养老金资金账户应支持参加人通过商业银行结算账户、非银行支付机构、现金等途径缴费。

个人养老金资金账户缴费上限按照国家有关规定执行,商业银行不得为参加人提供超过额度上限的缴费服务。

第47问 个人养老金账户中缴存的资金如何使用?是否可以不投资于金融产品?是否可以随时调整?

根据《个人养老金实施办法》,个人养老金资金账户里的资金，参加人可以自主选择购买符合规定的理财产品、储蓄存款、商业养老保险和公募基金等个人养老金产品。《个人养老金实施办法》强调，销售机构要以"销售适当性"为原则，做好风险提示，不得主动向参加人推介超出其风险承受能力的个人养老金产品。

虽然政策鼓励通过投资金融产品来实现资金的增值，但是个人养老金资金账户中的资金是否进行投资以及投资何种产品，最终由参加人自主决定。参加人可以选择将资金存放在储蓄存款中，享受存款利息，而不进行其他金融产品的投资。

参加人可以根据自身需求调整个人购买的个人养老金产品，但要符合产品的运作模式，比如购买三年持有期FOF，就要遵守三年持有期的约定。

第48问 个人养老金基础信息如何查询？具体可以查到哪些信息？

一、个人养老金的基础信息查询方式

1. **人社信息平台**。参加人可以通过人社信息平台查询个人养老金的相关信息，该平台由人力资源社会保障部组织建设。

2. **电子社保卡微信小程序**。通过该小程序，可以查询到个人养老金账户及其自动绑定的银行资金账户，查询并下载"个人养老金缴费凭证"。

3. **掌上12333 App**。使用掌上12333 App，可以进入"服务"——"个人养老金缴费凭证查询打印"界面，选择缴存年月，下载"凭证信息"，生成的缴费凭证上有编码及二维码，用于申报个人所得税扣除。

4. **商业银行**。在开立个人养老金账户的商业银行也可以开

具缴费凭证,参加人可以通过银行查询个人养老金账户的相关信息。

二、具体可以查询的信息内容

1. 个人养老金账户信息,包括个人养老金账户的开立情况、账户状态等。

2. 缴费记录,包括个人养老金的缴费金额、缴费时间、缴费凭证等。

3. 投资信息,如果个人养老金资金账户的资金已用于购买金融产品,可以查询到相关的投资信息,包括产品种类、投资金额、收益情况等。

4. 税收优惠政策,可以查询到个人养老金的税收优惠政策,包括缴费扣除标准、投资收益税收政策、领取时的税率等。

5. 领取条件和方式,包括个人养老金的领取条件、领取方式和领取时间等信息。

6. 个人资产信息,包括个人养老金资金账户中的资产总额、资产配置等。

通过上述渠道和方式,参加人可以全面了解自己的个人养老金账户情况,包括缴费、投资、税收优惠等相关信息,从而更好地管理自己的养老金。

第 49 问 如何查看个人养老金账户明细及投资收益?

根据《商业银行和理财公司个人养老金业务管理暂行办法》,个人养老金资金账户具有收益归集、信息查询的功能。

参与个人养老金的金融产品由相关金融监管部门确定,并通过人社信息平台和金融行业平台向社会发布。个人养老金参加人可通过人社信息平台查询产品收益情况。

目前，个人养老金产品主要包括个人养老金储蓄存款、个人养老金理财产品、个人养老金保险产品、个人养老金基金产品等。具体的收益情况参加人可以通过该金融产品的销售机构查询。具体方式如下。

一、个人养老金储蓄存款

参加人可通过发行个人养老金储蓄存款的商业银行查询存款利率。

二、个人养老金理财产品

参加人可通过购买个人养老金理财产品的商业银行或理财公司查询具体产品的收益情况。

三、个人养老金保险产品

参加人可通过发行该产品的保险公司、销售该产品的商业银行查询该产品的收益情况。

四、个人养老金基金产品

参加人可通过基金公司的官方网站、基金销售机构（商业银行、证券公司）或第三方金融服务平台查询该基金产品的收益情况。

第 50 问　参加个人养老金需要缴纳哪些费用？

一、费率结构

个人养老金产品的费率结构包括各种费用和成本，这些费用可能会直接影响参加人的投资回报率。常见的费用包括交易费、管理费、销售费等。不同的个人养老金产品可能有不同的费率结构，因此在选择产品时需要仔细了解各种费用。

二、具体费用

1. 交易费。交易费是在买卖证券时产生的费用,包括交易佣金、买卖价差等,高交易费可能会增加投资成本,影响投资回报率。

2. 管理费。管理费是个人养老金产品管理和运作的费用,通常以年度百分比的形式计算,并从投资组合中扣除,高管理费率会降低实际投资回报率。

3. 销售费。销售费是销售个人养老金产品时收取的费用,通常以一次性费用或前端加载费用的形式收取。这些费用可能会直接影响投资本金。

4. 潜在成本。除了明确的费率结构外,还有一些潜在成本需要考虑,如机会成本、通货膨胀等。机会成本是指由于选择某种投资而放弃了其他投资机会所导致的成本,需要考虑投资组合的机会成本和潜在收益。

三、费用豁免

根据《商业银行和理财公司个人养老金业务管理暂行办法》,商业银行对个人养老金资金账户免收年费、账户管理费、短信费、转账手续费。

个人养老金理财产品发行机构、销售机构和托管机构在商业可持续基础上,可以对个人养老金理财产品的销售费、管理费和托管费实施一定的费率优惠。

根据《个人养老金投资公开募集证券投资基金业务管理暂行规定》,个人养老金基金的单设份额类别不得收取销售服务费,可以豁免申购限制和申购费等销售费用(法定应当收取并计入基金资产的费用除外),可以对管理费和托管费实施一定的费率优惠。

第 51 问　如何计算个人可以获得的个人养老金税收优惠金额?

在个人养老金税收优惠政策下,若按照 12 000 元的上限参加个人养老金,收入越高,税收优惠力度越大。通过以下两步即可估算税收优惠金额。

第一步,个人所得税 App 查询上一年度适用税率。

个人所得税 App 查询本年度和上一年度已纳税情况,大致对本年应纳税所得额进行预估。进入个人所得税 App,点击收入纳税明细查询,点击上一年度最后一期明细,查看税款计算,即可看到税率/预扣率,便是当前所适用的个人所得税税率。

第二步,对照税率表(见表 3-2),得出 12 000 元额度在各级税率下对应的节税金额。

表 3-2　个人所得税税率表与节税金额

全年应纳税所得额/元	对应税率/%	最高节税金额/元
小于等于 3.6 万	3	360
3.6 万~14.4 万(不含)	10	1 200
14.4 万~30 万(不含)	20	2 400
30 万~42 万(不含)	25	3 000
42 万~66 万(不含)	30	3 600
66 万~96 万(不含)	35	4 200
大于等于 96 万	45	5 400

第 52 问　个人养老金缴费如何扣除?

根据《关于个人养老金有关个人所得税政策的公告》,个人缴费享受税前扣除优惠时,以个人养老金人社信息平台出具的扣除凭证为扣税凭据。取得工资薪金所得、按累计预扣法预扣预缴个人所得税劳务报酬所得的，其缴费可以选择在当年预扣预缴或次年汇算清缴时在限额标准内据实扣除。选择在当年预扣预缴的，应及时将相关凭证提供给扣缴单位。扣缴单位应按照本公告有关要求，为纳税人办理税前扣除有关事项。取得其他劳务报酬、稿酬、特许权使用费等所得或经营所得的，其缴费在次年汇算清缴时在限额标准内据实扣除。个人按规定领取个人养老金时，由开立个人养老金资金账户所在市的商业银行机构代扣代缴其应缴的个人所得税。

第53问　如何申报个人养老金税收优惠？需要准备哪些材料？

在申报个人养老金税收优惠时，主要需要准备的材料包括个人养老金的缴费凭证，以及个人所得税 App 生成的扣除信息。

申报个人养老金税收优惠的步骤如下。

1. 获取缴费凭证。需要从国家社会保险公共服务平台下载个人养老金的缴费凭证。通常情况下，每月 8 日之后，纳税人可以通过该平台查询并下载上一个月的个人养老金缴费凭证。

2. 使用个人所得税 App 填报扣除信息。通过个人所得税 App 填报个人养老金的扣除信息。个人所得税 App 提供了"一站式申报"功能，可以直接从人力资源社会保障部获取个人养老金缴费凭证信息，支持纳税人直接申报。

3. 扫码录入扣除信息。使用个人所得税 App 的"扫一扫"功能，扫描缴费凭证上的二维码，或者通过"录入凭证申报"功能手动录入凭证信息。

4. 选择申报方式。纳税人可以选择通过扣缴义务人（通常是雇主）申报，或者选择年度自行申报。如果选择通过扣缴义务人申报，需要将相关信息推送给扣缴单位，以便其在发放工资时代扣税款。

5. 提交申报。核对信息无误后，提交申报。如果选择年度自行申报，则在个人所得税年度汇算清缴时进行税前扣除。

6. 查看和确认扣除信息。在个人所得税 App 中查看个人养老金扣除信息，确保申报的信息正确无误。

通过上述步骤，纳税人可以顺利完成个人养老金税收优惠的申报。需要注意的是，具体操作可能会根据税务部门的最新指引有所变化，因此建议关注税务部门发布的最新信息和操作指南。

第54问　如何办理个人养老金的领取？

一、判断是否达到领取条件

根据《个人养老金实施办法》，参加人在达到领取基本养老金年龄、完全丧失劳动能力、出国（境）定居，或者具有其他符合国家规定的情形时，可以领取个人养老金。

二、领取方式选择

参加人可以选择按月、分次或一次性领取个人养老金。领取方式一经确定不得更改。

三、商业银行办理

参加人已领取基本养老金的，可以向商业银行提出领取个人养老金的申请。商业银行会通过人社信息平台核验参加人的领取资格，并获取参加人本人社会保障卡银行账户信息。

四、人社信息平台核验

商业银行审核并报送人社信息平台核验备案后，为参加人办理领取手续。

五、个人所得税代扣

在领取个人养老金时,商业银行会完成个人所得税代扣,按照规定,领取时的税率为 3%。

六、资金划转

完成个人所得税代扣后,商业银行将资金划转至参加人本人的社会保障卡银行账户。

七、提交相关证明

如果参加人符合完全丧失劳动能力、出国(境)定居或其他特定情形领取条件的,参加人需要提供相应的证明文件,如劳动能力鉴定结论书、出国(境)定居证明等。

通过上述步骤,参加人可以顺利办理个人养老金的正常领取。具体操作可能会根据当地人力资源社会保障局的具体要求有所变化,因此建议提前了解并咨询当地人力资源社会保障局或通过官方渠道获取最新信息。

注意事项:参加人在领取个人养老金时应注意,人力资源社会保障部门不会发送带网址链接的短信让退休人员点击认证,参加人应通过官方正规途径办理线上认证,避免点击来源不明的网址链接,谨防上当受骗。

第55问 如何变更个人养老金账户?

一、变更渠道

参加人可以通过全国统一线上服务入口(如国家社会保险公共服务平台、全国人力资源和社会保障政务服务平台、电子社保卡、掌上 12333 App 等)或者商业银行渠道进行相关账户变更操作。

二、主要流程

1. 提出变更申请。 参加人如果需要变更个人养老金资金账户（以下简称资金账户）开户银行，应向原商业银行提出变更申请。

2. 人社信息平台确认。 经人社信息平台确认后，参加人可以在新商业银行开立新的资金账户。

3. 资金转移。 在新的资金账户开立后，参加人需要将原资金账户中的资金转移到新的资金账户中。如果部分缴费已购买个人养老金产品，可以先转移未购买产品的资金，待个人养老金产品赎回后再转移相应资金。

4. 注销原资金账户。 在确保原资金账户的资金和资产完全转移完毕后，可以注销原资金账户。在资金和资产完全转移完毕前，原资金账户不能再缴费和购买个人养老金产品。

在变更个人养老金账户的过程中，参加人应确保满足相关条件和要求，以顺利完成账户变更流程。需要注意的是，个人养老金账户具有终身唯一性，参加人只能开立一个个人养老金账户，对应的资金账户也只能选择一家商业银行开立。

如果对具体操作有疑问，建议咨询相关商业银行或通过官方渠道获取帮助。

第56问　如何办理个人养老金的继承？

一、判断是否满足继承条件

根据《个人养老金实施办法》，参加人身故后，其个人养老金资金账户内的资产可以继承。

二、准备必要文件

继承人需要准备参加人死亡证明、法定继承人的证明文件、身份证明等相关文件。

三、提交申请

继承人将上述文件提交给社会保险经办机构或通过开户商业银行提出继承申请。

四、人社信息平台核验

商业银行或社会保险经办机构将通过人社信息平台核验继承人的资格。

五、资金划转

核验通过后,商业银行将参加人个人养老金资金账户内的资金转至继承人指定的资金账户。

六、账户注销

完成资金划转后,商业银行将注销该个人养老金资金账户。

第57问 商业银行应该为个人养老金投资者提供哪些服务?

根据《商业银行和理财公司个人养老金业务管理暂行办法》,商业银行个人养老金业务包括以下内容。

一是个人养老金资金账户(以下简称资金账户)业务。

1. 提供资金账户开立或指定、注销、变更服务,资金账户不受参加人持有的Ⅱ类户数量限制。

2. 提供个人养老金缴费和领取服务。

3. 可以为参加人通过其他银行账户、非银行支付机构、现金等途径缴费提供划转服务(不受Ⅱ类户非绑定账户资金转入限制),为参加人、个人养老金产品销售机构等提供与个人养老金产品交易相关的资金划转服务(不受Ⅱ类户划转金额限制)。

4. 提供资金账户信息管理服务，完整记录资金账户基础信息、缴费信息、资金结算信息、扣缴税款信息等。

5. 提供资金账户信息查询服务。

6. 银保监会规定的其他事项。

二是个人养老储蓄业务。

三是个人养老金产品代销业务，包括代销个人养老金理财产品、个人养老金保险产品、个人养老金基金产品等，国务院金融监管机构另有规定的除外。

四是个人养老金咨询业务。

五是银保监会规定的其他个人养老金业务。

第58问 商业银行与个人养老金产品的发行机构如何进行合作？

根据《商业银行和理财公司个人养老金业务管理暂行办法》，商业银行与个人养老金产品的发行机构之间的合作主要体现在以下六个方面。

1. 产品代销。商业银行作为代销机构，可以销售发行机构提供的个人养老金产品，如理财产品、保险产品等。

2. 资金账户管理。商业银行为参加人开立个人养老金资金账户，该账户用于缴费、投资交易以及购买个人养老金产品。

3. 信息披露与服务。商业银行应建设与个人养老金理财产品相适应的信息系统，并与理财行业平台对接，向参加人披露个人养老金理财产品名单，保障参加人的合法权益。

4. 托管服务。对于新发行的个人养老金理财产品，理财公司需委托符合特定条件的商业银行提供托管服务，符合条件的商业银行应具备相应的托管业务资格和经验，以及与理财行业平台信息系统对接的能力。

5. 咨询与顾问服务。商业银行可提供个人养老金咨询业务，为参加人提供产品投资咨询服务，帮助其理解不同产品的特点和风险。

6. 利益冲突防范。商业银行应建立利益冲突防范机制，公平对待所有合作的个人养老金产品发行机构。

第四部分

产品选择

第59问 个人养老金参加人应该如何分配个人养老金资金账户中的资金?

根据《个人养老金实施办法》,个人养老金参加人自主决定个人养老金资金账户的投资计划,包括个人养老金产品的投资品种、投资金额等。

确定适合自己的个人养老金投资组合和分配比例非常重要,它可以影响参加人的投资回报和风险。以下是一些建议参加人考虑的因素。

1. **了解自己的风险承受能力**。在投资前先要了解自己的风险承受能力,即自己愿意承担多大程度的投资风险。根据自己的投资目标、年龄、财务状况和投资经验等因素评估自己的风险偏好。

2. **分散投资**。建议参加人采取分散投资的策略,将资金分配到不同的资产类别和投资产品中,以降低整体投资组合的风险。

3. **考虑投资期限和目标配置**。根据自己的投资期限和目标,确定投资组合的配置比例。长期投资可以考虑更多的权益类资产，短期投资可以偏向于稳健的固定收益类资产。

4. 考虑收入需求和支出计划。根据自己的退休生活方式，考虑自己的收入需求和支出计划，从而确定投资组合的收入分配比例。

5. 定期审查和调整。定期审查投资组合的表现和市场情况，根据需要调整投资组合的配置比例。随着个人情况和市场的变化，可能需要对投资组合进行调整，以符合自己的目标和需求。

总的来说，个人养老金投资需要长期规划和适度分散，既要兼顾收益，也要控制风险。可以根据自身情况制定合适的投资策略。

第60问 各类型的个人养老金产品有何特征？

一、个人养老金储蓄存款

个人养老金储蓄存款主要以储蓄存款的形式存在，具有低风险和稳定收益的特点。

二、个人养老金理财产品

个人养老金理财产品具有普惠性、稳健性、长期性的特点，通常投资于固定收益类资产，可能包括部分权益类资产投资、委托外部投资和非标准债权资产投资，旨在提供相对稳定的回报。总体而言，个人养老金理财产品具有投资期限长、风险等级低、注重长期价值的特点，但这并不意味着个人养老金理财产品是保本的。

三、个人养老金保险产品

个人养老金保险产品通常包括固定收益类资产、权益类资产和流动性资产，如现金管理工具，提供保险和储蓄的双重功能。

四、个人养老金基金产品

个人养老金基金产品应当具备运作安全、成熟稳定、标的规范、侧重长期保值等特征。主要投资标的包括权益类资产、固定收益类资产、流动性资产等。

五、个人养老金产品普遍具有的特点

1. **高标准、高要求**。监管部门对个人养老金产品设有严格的筛选机制和准入标准。

2. **低费率、低门槛**。投资起点低、费率优惠，旨在鼓励更广泛的群体参加。

3. **投资期限长，专款专用**。强调长期投资，资金专款专用于养老，有助于培养储蓄习惯。

4. **成熟稳定，稳健合规**。个人养老金产品投资风格稳定、投资策略成熟，运作合规稳健。

这些特点共同支持个人养老金产品在确保资金安全性的同时，满足个人多样化的养老规划需求，并促进个人养老金的长期增值。

第 61 问　不同大类的个人养老金产品的投资收益及风险特点如何？

一、个人养老金储蓄存款

收益：通常相对较低，但相对稳定，主要投资于银行提供的储蓄存款。

风险：相对较低，因为储蓄存款相对安全，通常提供保本收益。但可能面临通货膨胀风险。

二、个人养老金理财产品

收益：相比储蓄存款略高，投资于固定收益类资产，可能包括部分权益类资产投资。

风险：中等，存在一定的市场风险，但通常比纯权益类产品风险低。

三、个人养老金保险产品

收益：除了固定收益外，还可能获得额外的保险保障。

风险：较低，因为保险产品通常有保障功能，但收益可能不如理财产品。

四、个人养老金基金产品

收益：可能相对较高，尤其是长期投资，主要投资于基金。

风险：相对较高，因为基金的表现受市场波动影响，但长期投资可以分散风险。

投资者在选择个人养老金产品时，应根据自己的风险偏好、投资目标和产品特性进行选择，并关注金融监管部门发布的相关信息，确保所选择的产品符合规定，并注意产品的安全性和收益性。

第62问 投资个人养老金基金有哪些额外的税收或费用优势？

就费用而言，根据《个人养老金投资公开募集证券投资基金业务管理暂行规定》，个人养老金基金的单设份额类别（Y类份额）不得收取销售服务费，可以豁免申购限制和申购费等销售费用（法定应当收取并计入基金资产的费用除外），可以对管理费和托管费实施一定的费率优惠。

第 63 问　如何挑选合适的个人养老金产品？

挑选合适的个人养老金产品时，投资者需要考虑多种因素，包括但不限于产品的安全性、收益性、流动性，以及个人的风险偏好、投资目标、流动性需求等。以下是一些选择个人养老金产品的考虑因素。

1. **产品类型**。了解不同类型产品的特点，如个人养老金基金产品、个人养老金保险产品、个人养老金理财产品等。

2. **风险与收益**。评估产品的潜在风险和预期收益，选择与自己风险承受能力相匹配的产品。

3. **产品条款**。仔细阅读产品条款说明，了解产品的保障内容、缴费方式、领取条件等。

4. **个人养老金产品发行公司的投资管理能力**。评估个人养老金产品发行公司的投资管理能力，选择投资管理能力强的公司。

5. **流动性需求**。考虑自己的资金流动性需求，选择适合自己资金安排的产品。

6. **税收优惠政策**。了解不同产品可能享受的税收优惠政策，选择税后收益更高的产品。

7. **产品费用**。考虑产品的相关费用，如管理费、托管费、申购费等，选择费用较低的产品以降低投资成本。

8. **个人情况**。根据自己的年龄、退休时间、收入状况、家庭情况等因素，选择适合自己的产品。

第 64 问　如何构建个人养老金投资组合？

在投资中有这样一个基本的道理，不要把所有鸡蛋放到一个篮子里。这是说要分散投资，而分散投资就需要构建一个投资组合，其主要目的是降低风险。随着个人养老金产品类型逐渐多样化，个人养老金产品已经较为完整地涵盖了各类资产，投资个人养老金产品的理念和方法也需要与时俱进，运用投资组合的理念来投资个人养老金正当其时。目前，投资者可以通过构建产品组合的方式实现一定的投资目标或是降低风险。构建个人养老金产品投资组合，应遵循以下四项原则。

第一，个人养老金产品的数量要适度，产品太多不易管理，而太少又不能起到分散风险的作用，投资者可以根据自己的实际情况配置一定数量的个人养老金产品。

第二，要注意投资组合中的个人养老金产品在波动上应具有较低的关联性，也就是各产品不能同时上涨或同时下跌，否则不能起到分散风险的作用。

第三，产品组合要符合自身的风险收益特征。在考虑自身风险承受能力的情况下，决定其中高风险资产（如股票、混合型基金）或中低风险资产（如储蓄存款、保险产品等）的比例。

第四，个人养老金产品组合要定期检视。需要关注产品组合的阶段性业绩、风险的情况，收益是否达到预期，是否适应当前市场的趋势，有没有更好的产品作为组合中产品的替代。在必要的情况下，也需要对产品组合进行积极的动态调整。

第 65 问　如何了解、理解个人的风险承受能力？

风险承受能力是指个人或投资者在面对投资损失时，能够承受不确定风险的最高程度，包括资金损失、市场波动或其他投资相关风险而不会影响其财务安全和生活稳定的能力。

根据《个人养老金实施办法》，个人养老金产品销售机构要以"销售适当性"为原则，依法了解参加人的风险偏好、风险认知能力和风险承受能力,做好风险提示,不得主动向参加人推介超出其风险承受能力的个人养老金产品。

同时,针对个人养老金理财产品及基金产品,另有如下要求。

一、个人养老金理财产品

根据《理财公司理财产品销售管理暂行办法》(中国银行保险监督管理委员会令 2021 年第 4 号),理财产品销售机构应当对非机构投资者的风险承受能力进行评估,制定投资者风险承受能力评估书,确定投资者风险承受能力等级,建立将投资者和理财产品进行匹配的方法。风险承受能力评估依据至少应当包括投资者年龄、财务状况、投资经验、投资目的、收益期望、风险偏好、流动性要求、风险认识及风险损失承受程度等。

理财产品销售机构应当定期或不定期地在本机构营业场所(含电子渠道)对非机构投资者进行风险承受能力持续评估,确保投资者风险承受能力评估的客观性、及时性和有效性。

超过一年未进行风险承受能力评估或发生可能影响自身风险承受能力情况的非机构投资者,再次购买理财产品时,应当在理财产品销售机构营业场所(含电子渠道)完成风险承受能力评估,评估结果应当由投资者签字确认。

理财公司委托代理销售机构销售理财产品的,代理销售机构应当将投资者风险承受能力评估结果以及投资者与理财产品进行匹配的方法,及时、准确提供给理财公司。

二、个人养老金基金产品

根据《个人养老金投资公开募集证券投资基金业务管理暂行规定》,个人养老金基金按照风险收益特征进行风险等级划分,根据投资人年龄、退休日期、收入水平和风险偏好等情况向投资人推介基金,不得向投资人主动推介超出其风险承受能力的基金,不得承诺或者宣传产品保本保收益,不得宣传产品预期收益率。

个人投资者通过银行、网站或者 App 购买基金前,都会被要求进行风险承受能力测评。普通投资者填写风险测评问卷,问卷内容涉及财务状况、投资经验、投资知识、投资者目标、风险偏好和其他信息等内容。根据普通投资者测评得分,将普通投资者划分为不同的风险等级:C1 为最低风险等级或保守型;C2 为相对保守型;C3 为稳健型;C4 为相对积极型;C5 为积极型。

第 66 问 如何应对未来不确定的市场条件,准备充足的养老金?

为了应对未来不确定的市场条件,可以从以下五个方面着手准备养老金。

1. **资产多元化投资**。不要将全部养老资金集中在一个领域或资产类别上,而是要进行适当的资产配置和分散投资。这样可以降低单一资产类别波动对整体投资组合的影响。可以考虑存款、理财、基金、保险等不同资产的组合。

2. **动态调整投资组合**。随着市场环境的变化,需要定期评估和调整投资组合。在市场上涨时适当增加风险资产的配置比例,在市场下跌时适当增加保守型资产的配置比例,这样可以提高整体收益水平。

3. **选择灵活性强的产品**。在选择个人养老金产品时,优先考虑灵活性较强的产品,如可变年金、灵活支付型保险等。这样,即使未来市场环境发生变化,也可以根据实际情况调整提取方式和时间。

4. **合理控制风险**。尽管要适当增加风险资产的配置，但也要注意控制风险。可以设置止损线，一旦投资组合出现较大亏损就及时止损。同时，可以购买一些保障型产品，如终身寿险，来降低意外事件的影响。

5. **保持充足的现金储备**。退休后，应当保持一定的现金储备，以应对突发情况。这样可以降低被迫在不利时机变现资产的风险。现金储备的规模可以根据自身实际生活需求来确定。

第 67 问　个人养老金产品的期限如何界定？哪些产品具有时间上的限制？

一、个人养老金储蓄存款期限

个人养老金储蓄存款，如特定养老储蓄存款，可能会有固定的存款期限，如 3 个月至 5 年不等，通常利率会略高于普通定期存款。

二、个人养老金保险产品期限

个人养老金保险产品，如两全保险、年金保险等，具有不同的保险期限，有的产品保险期限可以是终身的，而有的产品则提供固定期限的保障。

三、个人养老金理财产品期限

个人养老金理财产品通常会有最短持有期限，如 1 年、2 年、3 年或 5 年等，产品到期后可能允许赎回或转换。

四、个人养老金基金产品期限

个人养老金基金产品，如养老目标基金，可能会设定一个目标退休日期或最低持有期限，以鼓励长期持有。

第四部分 产品选择

第 68 问　个人养老金储蓄存款的选择范围是什么？如何进行选择？

根据《商业银行和理财公司个人养老金业务管理暂行办法》，开办个人养老金业务的商业银行所发行的储蓄存款（包括特定养老储蓄，不包括其他特定目的储蓄）可纳入个人养老金产品范围，由参加人通过资金账户购买。参加者仅可购买其本人资金账户开户行所发行的储蓄产品。因此，选择个人养老金储蓄存款产品，实质上是选择对应的开户行。参加者可从以下三个角度进行比较考虑。

1. **利率比较**。比较不同银行提供的存款利率。通常，长期存款的利率会高于短期存款。

2. **存款期限**。根据自身的资金需求和预期使用时间选择合适的存款期限，确保存款期限与个人财务规划相匹配。同时也需要考虑流动性需求。如果参加者在短期内需要使用资金，可以选择短期存款或可提前支取的存款产品，以减少利息损失。

3. **附加服务**。了解商业银行是否提供额外的服务，如在线银行服务、移动银行应用等，这些服务可以增加存款的便利性。

第 69 问　选择个人养老金理财产品时，需要获取哪些文件？如何获取？需要重点关注哪些信息？

一、需要获取的文件

1. **产品说明书**。它详细介绍了产品的投资目标、投资策略、投资范围、风险收益特征、产品费用、收益分配等内容。

2. **风险揭示书**。它披露了产品的风险等级、风险类型以及可能面临的各种风险。

3. **销售协议书**。它明确了投资者与银行的权利义务关系。

4. **投资者权益须知**。它介绍了投资者在购买产品时应注意的事项和维护自身权益的途径。

5. **产品销售文件**。它包含产品特点、收益和期限等信息，以及可能涉及的费用和潜在风险。

6. **从理财产品信息登记系统获取的登记编码**。这是确保产品合法的重要信息。

7. **定期报告**。它披露了产品的存续规模、收益表现、投资组合的流动性风险分析等。

8. **重大事项公告和临时性信息披露**。通过它可以及时了解可能影响产品收益和风险的重大事件。

二、获取上述文件的途径

1. **银行官方网站**。大多数银行会在其官方网站公布产品的详细信息。

2. **银行营业网点**。可以直接到银行营业网点索取相关资料。

3. **客户服务热线**。通过银行的客户服务热线咨询，投资者可能会获得电子版或邮寄纸质版文件。

4. **理财产品信息披露平台**。如中国理财网等官方信息披露平台，提供产品的详细信息和登记编码。

三、需要重点关注的信息

1. **产品类型**。确定产品是固定收益类、权益类、商品及金融衍生品类或是混合类。

2. **投资范围**。了解产品投资的具体资产类型，如债券、股票、货币市场工具等。

3. **风险等级**。根据产品的风险评级匹配适合自己风险承受能力的产品。

4. 收益与费用。了解产品的预期收益、收益分配方式以及可能产生的各种费用。

5. 流动性安排。了解产品是否允许提前赎回，以及提前赎回的条件和可能产生的费用。

6. 产品期限。注意产品的投资期限和资金的锁定期。

7. 信息披露。关注银行如何披露产品信息，以及信息披露的频率和详细程度。

8. 监管要求。确保产品符合监管要求，如理财产品不得投资于某些高风险或国家禁止投资的行业。

通过仔细阅读这些文件，投资者可以全面了解理财产品的特性和潜在风险，作出明智的投资决策。

第70问 如何评估个人养老金理财产品的预期收益？

投资者应有长期投资的意识，因为养老金投资是一个长期的财务规划过程。理财产品的收益通常受到多种因素的影响，包括市场利率、经济状况、政策变化、公司业绩等，因此很难准确预测。但投资者可以从以下角度出发，更加深入地了解产品的情况。

1. 了解产品类型与风险等级。了解产品是固定收益类、混合类还是权益类，以及它们的风险等级。通常，风险等级越高，预期收益也越高，但同时损失本金的可能性也越大。

2. 业绩比较基准。查看产品提供的业绩比较基准，这通常是产品管理者根据投资策略和市场环境等因素设定的预期收益率范围。

3. 投资策略。了解产品的投资策略，包括资产配置、投资范围和比例，以及投资经理的专业背景和业绩记录。

4.费用结构。考虑产品的费用结构,包括申购费、管理费、托管费等,这些费用都可能影响产品最终的投资回报。

第71问　如何评估个人养老金理财产品的风险?

评估个人养老金理财产品的风险水平,可以参考以下六个方面。

1.**产品说明书和产品合同**。仔细阅读产品说明书和产品合同,了解产品的详细信息,包括风险披露、投资策略和预期收益等。

2.**风险等级**。个人养老金理财产品通常会有风险等级标识,这有助于投资者快速判断产品的风险水平。

3.**产品类型**。根据产品属于固定收益类、混合类还是权益类,判断其风险水平。通常,权益类产品风险最高,混合类次之,固定收益类相对较低。

4.**投资组合**。查看产品的具体投资组合,包括资产配置、行业分布和地域分布等,以了解其多样化程度和潜在风险。

5.**流动性安排**。理财产品的流动性,如是否允许提前赎回、赎回费用等,也会影响其风险水平。

6.**发行机构的信誉和业绩**。评估发行机构的历史业绩和市场信誉。一家有良好记录的发行机构可能会提供更稳健的产品。

第72问　选择个人养老金保险产品时,需要获取哪些文件?如何获取?需要重点关注哪些信息?

一、需要获取的文件

1.**产品说明书**。它详细描述了产品的特性,约定了双方的权利义务。

2. **风险揭示书**。它披露了产品的风险等级和可能面临的风险。

3. **保险合同**。它明确了保险条款和费率,以及保险公司和参加人的权利义务。

4. **信息披露报告**。它包括经营情况、保险条款、费率审批或备案情况、资金运用情况等。

5. **个人养老金保险产品名单**。全国人力资源和社会保障政务服务平台、人社政务服务平台、中国银行保险信息技术管理有限公司等平台定期公布产品名单,可以确认产品的有效性。

二、获取上述文件的途径

1. **保险公司官方网站**。访问保险公司的官方网站,查找相关产品的详情和相关文件。

2. **保险公司客户服务**。直接联系保险公司的客户服务中心,索取产品资料。

3. **金融监管总局官网**。访问金融监管总局官网,查找相关政策文件和产品信息。

4. **国家社会保险公共服务平台**。通过该平台,可以获取个人养老金保险产品的相关信息和文件。

5. **产品销售专区**。在商业银行或保险公司的销售专区,可以获取产品宣传推介材料和销售文件。

三、需要重点关注的信息

1. **产品类型**。了解产品是年金保险、两全保险还是万能保险等。

2. **保险责任**。明确产品的责任保障范围,包括生存保险金给付、满期保险金给付、死亡、全残、失能或护理状态等。

3. **交费方式**。查看是否提供趸交、期交或不定期交费等方式，以及交费的灵活性。

4. **保险期间**。确认保险期间不短于 5 年，以及领取年龄和领取期的要求。

5. **收益模式**。了解产品是固定收益型还是"保底+浮动"收益型。

6. **领取方式**。判断是选择长期领取还是一次性领取。

7. **中途退出机制**。了解产品的退出规定和可能产生的费用或损失。

8. **产品条款和费率**。详细阅读产品条款，了解费率结构和使用情况。

9. **风险提示**。查看产品的风险提示，了解可能面临的风险。

10. **信息披露**。关注保险公司提供的信息披露内容，包括业务咨询、权益查询、消费者投诉、教育宣传等服务。

第73问　如何选择适合自己的个人养老金基金产品？[①]

目前全市场基金产品数量众多，且业绩分化也非常明显，选择变得愈发困难。怎样才能选择出适合自己的优质基金产品呢？可以重点关注以下五个方面。

1. **基金投资范围是什么？** 投资者一定要认真阅读产品的招募说明书，了解清楚其类型和投资范围。例如，同样是债券型基金，有的只能投资债券，有的却可以投资股票或可转换债券；对于股票型基金，投资范围是仅限于国内，还是包括港股和美股等市场。不同投资范围的产品有着迥然不同的风险和收益特征。

[①] 参考深圳证券交易所投资者教育基地发布的《基金入门300问》。

2. 基金过往业绩表现如何？ 购买基金的首要目标还是为了获得相对优异的回报，历史业绩是相对直观便捷的评价方式，投资者应当重点关注其长期和短期的回报率以及同类产品的排名情况。

3. 基金的过往风险有多高？ 要尽量完整地回溯基金产品的历史业绩，观察其在波动或不利的市场环境下，出现的最大回撤有多少，基金净值的波动率有多大。

4. 在了解清楚前三个问题的前提下，就要认真地想一想，这只基金的预期风险和收益与自己的需求是否匹配。 如果产品风险过低，则可能无法达到预期收益目标，而风险过高则可能带来自己无法承受的波动，一定要选择和自己需求相匹配的产品。

5. 在具备条件的情况下，也要多关注基金经理。 基金经理手握基金的投资大权，从而直接影响基金的业绩表现，投资者可以多关注基金经理的从业年限、管理过的产品和业绩、教育背景、投资理念和风格等，这些信息是选择基金的重要参考。

第 74 问　如何评估个人养老金基金产品的收益水平？[①]

可以从以下六个维度入手判断一只基金是否有潜力为投资者获取较好的回报。

1. 历史业绩。 要综合判断短期业绩和 3~5 年的中长期业绩，好的基金长期净值波动小，能够做到"牛市跟得上、熊市少亏钱"。

2. 年度排名。 好的基金产品不追求每年都要进入前列，但长期来看，如果在大多数年份都能排在前 1/3 或者前 1/4，就是非常优秀的基金产品了。

---

① 参考深圳证券交易所投资者教育基地发布的《基金入门 300 问》。

3. 基金经理的从业年限。要看基金经理的从业年限是不是够长，有没有经历过完整的牛熊市周期，控制回撤、选股的能力是否优异。

4. 基金公司的综合实力。一般情况下，投资研究实力卓越的基金公司旗下产品的整体业绩优势会比较明显。

5. 基金规模。基金规模适中更适合基金经理管理，过小的规模很难充分分散风险，过大的规模灵活度会降低。

6. 应用专业的量化指标。通过比较夏普比率、最大回撤，进行归因分析等，可以得到一些更客观的判断，这些数据在一些专业投资平台上可以方便查询。

第75问 如何评估个人养老金基金产品的风险水平？[①]

一、了解基金风险等级

综合参考产品类型、流动性、封闭期限、杠杆比率、结构复杂性、投资方向和范围等因素，基金产品的风险水平由低至高可依次分为五个等级：低风险（R1）、中低风险（R2）、中风险（R3）、中高风险（R4）、高风险（R5）。最低风险承受能力类别的普通投资者不得购买高于其风险承受能力的基金产品或者服务。

二、参考基金风险量化指标

常见的基金风险量化指标主要包括收益率标准差、贝塔系数、最大回撤、夏普比率和跟踪误差等。

三、了解基金的持仓

基金在其定期报告中会披露持仓信息，其中季报披露前十大持仓，而在半年报及年报中会披露完整持仓。基于持仓信息可以

[①] 参考深圳证券交易所投资者教育基地发布的《基金入门300问》。

计算基金的持仓集中度,比如前十大重仓股集中度为基金前十大持仓个股占基金净值比之和。通常集中度较高的基金由于投资范围较为集中,无法较好地分散风险,投资者可能因此承受更高的净值波动风险。

第76问 如何多维度深入考察基金产品?[1]

一、基金公司维度

1. 查看基金公司的排名和评级,考察基金公司是否有健全完善的基金产品体系。

2. 可以查看基金公司旗下产品的分布和收益分析,了解基金公司的投资风格。如果一家基金公司在某类基金中产品数量繁多、布局广泛,那么可以说该基金公司的业务重点偏向于该类基金。如果一家基金公司的某类基金,收益特别突出,在同类产品中长期表现优异,那么说明该基金公司的投资优势集中于该类基金。

3. 基金公司的 4P 标准

(1) 投资理念 (philosophy)。投资者要首先判断基金公司的投资理念是否成熟且有效,其次判断自己是否认可这一理念,进而是否认可该基金公司的投资管理模式。

(2) 投资团队 (people)。基金公司投资研究团队专业能力的强弱是影响其旗下基金业绩表现的一个极其重要的因素。考察基金公司投资研究团队的实力,可以重点观察该团队的组建时间和团队稳定性。

(3) 投资流程 (process)。严密科学的投资流程可以规范基金管理,使基金业绩具备长期可持续性。

---

[1] 参考深圳证券交易所投资者教育基地发布的《基金入门 300 问》。

（4）投资业绩（performance）。评估基金公司旗下基金的历史投资业绩，可以为基金投资提供辅助性参考。

二、基金经理维度

1. 基金经理的历史业绩。观察基金经理是否长期在一家公司任职并保持业绩稳定增长，投资能力是否全面。

2. 基金经理的投资理念。了解基金经理的投资理念，以判断基金未来的投资方向以及是否和自己的投资理念相符。

三、基金业绩维度

1. 将基金的收益与业绩基准比较。

2. 将基金收益与股票大盘走势比较。

3. 将本基金与同类基金的收益比较。

4. 将基金的当期收益与历史收益比较。

四、评级机构维度

目前公认的较具代表性的基金评级机构有晨星网、银河证券、海通证券等。评级机构的作用是通过定性定量的方法，按照规范的评级标准对基金的收益情况及风险水平作出排序，是投资者可以借鉴的基金考察方式。

第 77 问　养老目标日期基金和养老目标风险基金有何区别？[①]

《养老目标证券投资基金指引（试行）》（中国证券监督管理委员会公告〔2018〕2号）规定，采用目标日期策略的基金，应当随着所设定目标日期的临近，逐步降低权益类资产的配置比例，增加非权益类资产的配置比例。权益类资产包括股票、股票型基金和混合型基金。采用目标风险策略的基金，应当根据特定

---

① 参考深圳证券交易所投资者教育基地发布的《基金入门300问》。

的风险偏好设定权益类资产、非权益类资产的基准配置比例，或使用广泛认可的方法界定组合风险（如波动率等），并采取有效措施控制基金组合风险。采用目标风险策略的基金，应当明确风险等级及其含义，并在招募说明书中注明。

针对二者的主要区别，可以理解为，养老目标日期基金是根据退休年份来设计的，养老目标风险基金是根据风险水平来设计的。养老目标日期基金适配个人退休时间，养老目标风险基金适配个人风险偏好。

养老目标日期基金根据时间表来管理投资，随着目标日期的接近逐渐降低权益类资产比例，增加债券等非权益类资产配置比例，以匹配不同生命阶段的风险承受能力。相对养老目标风险基金而言，投资于养老目标日期基金需要付出的决策成本和持续管理成本一般更低，更适合缺少投资经验或投资热情、希望省心省力的投资者。

与养老目标日期基金不同，养老目标风险基金不会自动根据时间表来调整资产配置，而是保持相对稳定的风险水平，并能够更自由地选择何时退出市场。对于有一定基金投资经验的人来说，养老目标风险基金更能适配投资者的风险偏好、发挥投资者的主观能动性。相对而言，养老目标风险基金更适合清楚自身风险偏好、有兴趣与条件自主决策的人。

投资者可在综合考虑自身年龄、风险承受能力等因素后，根据自己的偏好在两种基金内选择，也可以将二者相结合，构造适配自身的投资组合。

第78问　如何选择不同持有期的养老目标基金？

一般情况下，持有期的长短与养老目标基金的权益类资产比例呈正相关关系。《养老目标证券投资基金指引（试行）》规定，养老目标基金定期开放的封闭运作期或投资人最短持有期限不短于1年、3年、5年的，基金投资于股票、股票型基金、混合型基金和商品基金（含商品期货基金和黄金ETF[①]）等品种的比例合计原则上不超过30%、60%、80%。也就是说，原则上养老目标基金的持有期越长，可投资的权益类资产比例越高，潜在回报越高，相应的基金净值波动也会越大。

因此，具有较高风险偏好水平的投资者可以选择较长持有期的养老目标基金，而对于追求稳定的投资者来说，1年或3年持有期的养老目标基金可能更合适。

第79问 与其他类型的个人养老金产品相比，养老FOF基金的优势在哪里？

根据国际经验，个人养老金产品主要以养老FOF基金为主。相较于其他个人养老金产品，养老FOF基金更加注重长期收益性，强调长期保值增值，通过专业化分工，为投资者提供一站式养老投资服务。养老FOF基金主要有以下优势。

1. 提供一站式的解决方案。投资者在选取适合自己的个人养老金产品时，常由于产品数量太多，产品结构不清晰而导致不知道该配置何种产品，养老FOF基金则可以很好地解决这个问题。养老目标日期FOF基金根据目标退休日期的不同主要分为养老2035、养老2040等，适合对于投资知之甚少且没有精力管理个人养老金的投资者。养老目标风险FOF基金主要分为高风险（积极）、中风险（平衡）和低风险（稳健）三类，可以满足不同风险偏好投资者的需要，适合对自己风险偏好有一定认知能力的投资者。

---

① ETF，exchange traded fund，交易型开放式指数基金。

2. 更匹配长久期的养老资金。养老金具有较长的积累期限，可通过承担市场短期风险来获取长期收益。权益市场在短期表现是相对不确定的，但是长期来看权益资产的收益要好于固定收益资产，其间波动也会更高。养老FOF基金整体风险资产占比更高，大概率能获得更高的长期收益，可通过复利效应积累更多的养老金。

3. 专业化的投资运作。养老FOF基金以基金为载体，通过专业化分工，结合自上而下资产配置与自下而上基金精选，充分分散风险，平衡长期收益与短期波动，力求获得风险调整后的较好回报。

第80问　什么是Y类份额？

Y类份额是随着个人养老金制度的落地而出现的。根据基金公告，投资人通过个人养老金资金账户申购的基金份额（另有规定的除外）称作Y类基金份额。Y类基金份额，只面向个人养老金资金账户的投资者，与基金其他份额互不影响，以更好地满足投资者对个人养老金基金的投资需求。

根据《个人养老金投资公开募集证券投资基金业务管理暂行规定》，个人养老金基金应当针对个人养老金投资基金业务设立单独的份额类别。这里所说的"单独的份额类别"就是Y类份额。并非任何产品都能随便设立Y类份额，只有符合一定条件的才可以。《个人养老金投资公开募集证券投资基金业务管理暂行规定》对于个人养老金可投资的基金产品类型提出如下要求：（1）最近4个季度末规模不低于5 000万元或者上一季度末规模不低于2亿元的养老目标基金；（2）投资风格稳定、投资策略清晰、运作合规稳健且适合个人养老金长期投资的股票基金、混合基金、债券基金、基金中基金和中国证监会规定的其他基金。

由中国证监会确定个人养老金基金名录，每季度通过中国证监会网站、基金业协会网站、基金行业平台等向社会发布。只有被纳入个人养老金基金名录的基金，才可以设立 Y 类份额。值得注意的是，被纳入个人养老金基金名录不等于高枕无忧。这个名录是会进行动态调整的，如果基金发生重大变化，导致产品不再适合个人养老金投资，它仍然会被移出名录。目前，被纳入个人养老金基金名录的都是养老目标基金。

第 81 问　与其他份额相比，Y 类份额有何特征？

第一，费率优惠。《个人养老金投资公开募集证券投资基金业务管理暂行规定》要求个人养老金基金的单设份额类别不得收取销售服务费，可以豁免申购限制和申购费等销售费用（法定应当收取并计入基金资产的费用除外），可以对管理费和托管费实施一定的费率优惠。

根据万得数据库（Wind）统计，目前市场上的 Y 类份额，均不收取销售服务费；与其他份额相比，管理费、托管费有 5 折优惠。所谓"省到就是赚到"，在同样的业绩表现下，费率更低，投资人获得的收益就更高了。尤其对长达数十年的养老金投资来说，能大大降低投资成本。

第二，Y 类基金份额独立计算份额净值，与其他份额互不影响。

第三，Y 类基金份额收益分配方式默认为红利再投资，有助于鼓励投资者长期投资。

第四部分 产品选择

第 82 问 如何根据经济形势调整个人养老金产品投资策略？需要关注哪些指标？

根据经济形势调整养老金投资策略，主要需要考虑如下因素。

1. **经济周期分析**。了解当前所处的经济周期阶段，是繁荣期还是衰退期。根据不同阶段采取相应的资产配置策略。

2. **通货膨胀水平变化**。关注通货膨胀水平的变化趋势，适当调整投资组合中的通货膨胀对冲资产比例，如增加股票等抗通货膨胀资产。

3. **利率环境变化**。密切关注利率水平的变化，适当调整固定收益类资产的配置比例，如在利率上升时减少长期债券配置。

4. **风险偏好调整**。根据自身的风险承受能力，适当调整风险资产与稳健资产的比例。在经济下行时，可适当增加稳健资产配置。

5. **资产配置优化**。定期评估各类资产的风险收益特征，优化资产配置权重。

6. **税收优惠政策变化**。关注政策变化，合理利用个人养老金计划的税收优惠。根据自身情况选择最优的个人养老金投资方案。

关键的指标和因素如下。

1. **经济增长率**。经济增长通常与企业盈利能力相关，影响权益类资产的市场表现。

2. **通货膨胀率**。通货膨胀会侵蚀购买力，需要通过投资策略来实现资产的保值增值。

3. **利率水平**。利率变动影响固定收益产品的价值。

4. **就业数据**。就业市场的强弱可以反映经济健康程度，影响个人养老金的投资回报。

5. **房地产市场状况**。房地产市场的繁荣与否可能影响相关金融产品的收益。

6. **政策变化**。政府的财政和货币政策,以及对个人养老金投资的税收优惠政策,都可能影响投资决策。

简而言之,根据经济形势的变化,适时调整个人养老金投资策略,兼顾收益性、安全性和税收优惠,才能更好地实现养老目标。

第五部分

投资者教育问答

第83问 养老金融与资本市场的发展关系是什么样的?

养老金融的发展对于民生福祉至关重要,并且与资本市场的高质量发展密切相关、相辅相成。

一方面,资本市场既为养老金资产提供了保值增值的有效渠道,使得养老金能够分享实体经济发展的成果,也为养老金融产品提供了多样化的投资渠道,使得养老金资金能够通过投资于股票、债券、基金等金融工具实现保值增值。

另一方面,养老金作为一种长期资本,对资本市场起到了"压舱石"的作用,促进了资本市场的进一步完善。从金融市场来看,个人养老金制度作为第三支柱的发展会积累丰厚的资金规模,还能激发金融市场各领域的创新能力和活力,为资本市场引入长期稳定资金,对于促进经济金融的融合和可持续健康发展意义重大。

第84问　为什么要进行个人养老金投资？

对个人投资者而言，投资个人养老金具有诸多益处。

1. **补充退休收入**。个人养老金可以作为基本养老保险的补充，增加退休后的收入来源，提高生活质量。

2. **应对人口老龄化危机**。随着人口老龄化趋势的加剧，在基本养老保险外，个人养老金可以提供额外的"安全垫"。

3. **获得长期投资增值**。个人养老金账户内的资金可以用于长期投资，享受复利效应，实现资产的增值。

4. **享受税收优惠**。许多国家和地区为个人养老金投资提供税收优惠，如税前扣除、投资收益免税或减税等。

5. **实现个人财务规划**。投资个人养老金是个人财务规划的一部分，有助于培养长期储蓄和投资的习惯。

6. **自主性与灵活性**。个人养老金给予投资者更大的自主性和灵活性，可以根据自己的风险偏好和投资目标选择不同的金融产品。

7. **风险分散**。通过个人养老金投资，可以实现与当前收入和就业状态无关的资产积累，分散风险。

个人养老金投资是个人为退休生活提前做准备的一种方式，投资者可以根据个人的实际情况和对未来的预期进行选择。

第85问　个人养老金产品与商业养老保险有什么区别？

个人养老金产品与商业养老保险在概念与性质、运作方式、产品特点以及政策支持等方面存在明显区别。具体内容见表5-1。

表 5-1　个人养老金产品与商业养老保险的区别

区别	个人养老金产品	商业养老保险
概念与性质	是根据国家相关政策规定，由符合金融监管机构要求的金融机构发行的，旨在满足个人养老需求的金融产品，包括储蓄存款、理财产品、商业养老保险和公募基金等	是由保险公司发行的一种保险产品，主要目的是提供养老风险保障，并具有保本或增值的特性，如年金保险、两全保险等
运作方式	通过人社信息平台进行管理，参加人可以自主选择投资符合规定的金融产品	由保险公司运作，通常涉及保险合同的签订、保费的交纳、保险金的给付等
产品特点	具有高标准、高要求，强调运作安全、成熟稳定、标的规范、侧重长期保值等特征	除了提供养老资金的积累和管理功能外，还可能包含一定的保障功能，如身故保险金等
政策支持	享有国家给予的税收优惠政策，如税前扣除、投资收益暂不征税以及领取时的税收优惠等	虽然也可能享有一定的政策支持，但并不自动享有个人养老金产品所具有的税收优惠
投资管理	由参加人根据自身情况选择投资，强调个人对养老资金的自主管理	由保险公司进行投资管理，投保人更多依赖保险公司的专业投资能力
费率和门槛	通常设有较低的费率和门槛，以普惠性、普及性为目标	费率和门槛可能因保险公司和产品特性而异，可能提供更个性化的服务
账户管理	通过个人养老金账户进行管理，资金账户实行封闭运行，确保资金专项用于养老	可能涉及更多样化的账户管理方式，如"锁定账户"和"持续账户"等

第 86 问　为什么要坚持长期投资？[1]

说到长期投资，首先需要了解复利这个概念。复利是指一笔资金除本金产生的收益外，在下一个计息周期内，以前各计息周

[1] 参考深圳证券交易所投资者教育基地发布的《基金入门 300 问》。

期内产生的收益也计算收益的收益计算方法。复利是现代理财一个重要概念，由此产生的财富增长称作"复利效应"。

复利效应看似简单，却是很多投资者难以做到的——投资周期足够长。俗话说，时间就是金钱，投资时也不例外，只有时间才是投资的守护神，用不变的市场定价规律去熨平短期市场波动，即使遇到金融危机等极端情况，投资者也可以通过长期投资获利。也就是说，在短期内，投资者为了避免价格波动反复交易，不仅亏损了资金，而且并没有规避波动，反而使波动加剧；但采用长期投资，投资者不仅削峰平谷，熨平了股价波动，同时借由复利，使财富得以增长。

第87问　长期业绩和短期业绩哪个更重要？[1]

从科学投资的角度来看，单纯将短期业绩作为最重要的选择标准是一种非理性的投资策略，投资者应当结合长期业绩综合判断，才能更好地评价一只个人养老金产品真正的投资能力。

以基金为例，基金产品的短期业绩并不能完整代表基金经理的管理水平，短期业绩好也有可能是由市场因素而不是主动管理能力带来的，甚至可能是因为基金产品承担了过高的风险。市场中经常能看到很多基金产品，前一年业绩排名非常领先，第二年反而排名倒数。很多投资者只是看到了短期净值的飙升，却对背后的原因和逻辑有所忽视。因此，不能盲目追捧短期业绩领先的产品，应当结合长期业绩来理性地评价。基金经理的投资能力是需要时间来检验的，通常基金经理经历牛熊市考验，其选股能力、择时能力、回撤控制能力得到较为充分的验证，才更能体现其综合投资能力。

因此，投资者可以将短期业绩排名作为投资的出发点，但在

---

[1] 参考深圳证券交易所投资者教育基地发布的《基金入门300问》。

这个基础上,也要充分评估和衡量基金产品的长期业绩。

第88问 投资个人养老金产品有哪些风险?[1]

个人养老金产品投资主要存在市场风险、流动性风险、管理风险及其他风险。

一、市场风险

市场风险是指资本市场因受到经济因素、政治因素、投资心理和交易制度等各种因素的影响而产生波动,导致个人养老金产品收益水平发生变化,主要包括政策风险、利率风险、信用风险、经营风险、经济周期风险等,具体见表5-2。

表5-2 市场风险类型及内容

类型	内容
政策风险	因国家宏观政策(如货币政策、财政政策、产业政策、地区发展政策等)发生变化导致市场价格波动的风险
利率风险	因金融市场利率的波动而导致资本市场价格和收益率变动的风险。其中,利率波动受货币政策、经济周期等多因素影响
信用风险	因债券发行主体等信用状况恶化而可能产生的到期不能兑付的风险
经营风险	债券或股票发行主体的经营状况受多种因素的影响,如经营不善,其有价证券价格可能下跌,从而使基金投资收益下降的风险
经济周期风险	随着经济运行的周期性变化,资本市场的收益水平呈周期性变化,基金投资的收益水平也会随之变化,从而产生相应风险

二、流动性风险

流动性风险属于综合性风险,主要受到资本市场走势、金融市场整体流动性、基金管理人流动性管理能力、基金类型、基金

---

[1] 参考深圳证券交易所投资者教育基地发布的《基金入门300问》。

份额持有人结构及投资者行为等多方面因素的影响。

对于部分个人养老金基金产品而言,在特殊情况下可能会面临所投资品种不能迅速、低成本地转换为现金,或者不能应对可能出现的投资者大额赎回的风险。前者是指所投资品种不能及时变现或无法按照正常的市场价格交易而引起损失的可能性;后者是指开放式基金产品在运作过程中如发生巨额赎回的情形,可能导致基金仓位调整出现困难,从而导致流动性风险,甚至影响到基金单位净值。

三、管理风险

在基金等个人养老金产品管理运作过程中,管理人的知识、经验等会影响其对信息的处理以及对经济形势、有价证券价格走势等的判断,从而影响产品的收益水平。此外,管理人的管理手段和技术等多重因素同样会影响产品的收益水平。

四、其他风险

个人养老金产品投资中的其他风险主要包括:(1)因技术因素而产生的风险;(2)因战争、自然灾害等不可抗力影响基金运作的风险;(3)因金融市场危机、基金托管人违约等超出基金管理人自身控制能力的因素出现,可能导致基金或者投资者利益受损的风险;(4)其他意外导致的风险等。

第89问　何时应该考虑调整或转换个人养老金产品?[①]

考虑调整或转换个人养老金产品的时机取决于个人的情况和需求,以下是一些常见的情况和建议。

1. 投资目标发生变化。当自身的投资目标发生变化时,如退

---

① 参考深圳证券交易所投资者教育基地发布的《基金入门300问》。

休年龄的临近或退休计划的调整，可能需要调整自身的个人养老金产品。根据新的目标和时间表重新评估投资组合的配置。

2. 市场环境发生变化。当市场环境发生变化，影响自身投资组合的表现时，应考虑是否需要调整投资策略或转换到表现更好的个人养老金产品。根据市场趋势和风险状况作出相应的调整。

3. 个人风险承受能力。如果个人的风险承受能力发生变化，如由于年龄增长或财务状况变化，可能需要重新评估投资组合的风险水平，并调整所投资的个人养老金产品以符合自身的新的风险偏好。

4. 产品表现不佳。如果所投资的个人养老金产品表现不佳，无法实现预期回报或与市场表现不符，应考虑是否需要转换到表现更好的个人养老金产品或重新配置投资组合。

5. 费用过高。如果发现所投资的个人养老金产品的费用结构过高，可能会对投资回报造成负面影响，应考虑是否需要转换到费用更低的个人养老金产品或投资组合。

6. 需求变化。当自身退休计划或财务需求发生变化时，如需要提前支取部分资金或调整投资期限，可能需要调整或转换个人养老金产品以满足新的需求。

综上所述，根据个人情况和需求，可以考虑在适当的时机调整或转换个人养老金产品，以确保投资组合与目标保持一致，并为未来的退休生活做好充分准备。

第90问　基金如何给投资人带来收益？[1]

基金管理人通过专业的投资管理，实现基金份额净值的增长，如投资者购买基金的基金份额净值从1元增长到1.5元，在

---

[1] 参考深圳证券交易所投资者教育基地发布的《基金入门300问》。

这种情况下可通过以当前净值赎回基金份额实现基金投资收益。此外，当基金满足基金合同约定的收益分配条件时，基金管理人可进行收益分配，将基金投资实现的利润分配给投资者，投资者可享受基金的分红收益。

基金分红是指基金将收益的一部分以现金方式派发给基金投资人。基金分红本身不会创造收益，可以理解为把投资人"账面上的钱"，变现一部分成为"口袋里的钱"。当基金分红时，会在除权日将每份基金份额分红的金额在当日的基金净值中扣除，由于这部分用来分红的收益已经派发了，所以看上去当日的基金净值可能会下跌，但实际并不是下跌，而是由分红引起的。投资的基金是否分红，主要看基金合同约定。一般来说，当基金收益达到一个标准时，基金管理人可以进行分红。

第91问 红利再投资与现金分红两种方式有何不同？基金应该选择现金分红还是红利再投资？[①]

目前基金分红的方式有两种，分别为红利再投资和现金分红。其中，红利再投资是货币基金默认的分红方式，分红的资金直接用于增加持有份额；而现金分红是非货币基金的默认分红方式，其分红的资金将发放至投资者的活期账户或者银行账户中。

两种分红方式的区别在于，一是费用不同。选择现金分红后，进行再投资需要支付申购费，而红利再投资一般不收申购费。二是风险不同。现金分红意味着落袋为安；若选择红利再投资，投资者则需要承担基金亏损的风险。

基金是长期投资工具，当投资者看好资本市场或对所持产品

---

① 参考深圳证券交易所投资者教育基地发布的《基金入门300问》。

后续表现有信心时,选择红利再投资的分红方式较好,因为分红的资金可以免申购费转换成基金份额,再投资份额还可分享资本市场上涨带来的收益。投资者如果选择现金红利,钱到账户就只能赚取活期利息,再投资基金则需要额外缴纳申购费用。在资本市场下跌时,选择现金分红落袋为安可以规避投资风险,现金红利转购货币基金还可享有货币基金收益。

第92问 什么是基金的认购、申购、赎回、转换、买入、卖出?[①]

在基金首次募集期购买基金的行为称为认购。在基金成立后购买基金的行为称为申购。一般情况下,认购期购买基金的费率相对来说要比申购期购买优惠。认购期购买的基金一般要经过封闭期才能赎回,申购的普通开放式基金在申购成功后的第二个交易日即可进行赎回。

赎回是指投资者直接或通过代销机构间接向基金管理公司提出将部分或全部基金投资退出的要求,并将相应的资金款项等退回至该投资者账户内的过程。

转换是指投资者在持有某基金公司的开放式基金后,可将其持有的基金份额直接转换成该基金公司管理的其他开放式基金的基金份额,而不需要先赎回已持有的基金,再申购目标基金的一种业务模式。

买入是指投资者通过证券公司在证券交易所竞价买入或大宗买入其他投资者持有的场内基金份额的过程。买入不同于申购,买入只是投资者之间的交易过程,不会创设新的基金份额,基金的总份额不会增加。

卖出是指投资者通过证券公司在证券交易所竞价卖出或大宗

---

① 参考深圳证券交易所投资者教育基地发布的《基金入门300问》。

卖出其他投资者持有的场内基金份额的过程。卖出不同于赎回，赎回后基金的总份额将会减少，而卖出则不会。

第93问　什么是基金评级？

每个基金产品都有自己的业绩，投资者如何知道其业绩在数量众多的同类产品中的相对水平呢？基金的评级和排名为投资者提供了一种非常便捷和直观的方式，以了解产品业绩的相对水平。

基金评级，是指基金评级机构及其评级人员运用特定的方法对基金的投资收益和风险或基金管理人的管理能力进行综合性分析，并使用具有特定含义的符号、数字或文字展示分析结果的活动。评级结果通常用星级表示，星级越高则意味着产品越好（通常五星为最好）。

基金评级机构是具有独立性和公正性的第三方机构，国内较为权威的有晨星网、银河证券、海通证券等，基金评级机构具有基金业协会会员资格，且其评级结果在市场中具有较高影响力。

第94问　什么是基金份额净值？

基金份额净值是指基金在某一个时点上，按照公允价格计算的基金资产扣除负债后的余额除以对应的基金份额数，代表基金持有人的权益，也可以简单理解为买卖一份基金的价格。

基金份额净值＝（基金资产总值－基金负债总值）/基金总份额

对于开放式基金而言，基金份额总数每天都可能发生变化，因此基金管理人须在当日交易截止后进行统计，然后再以当日的基金资产净值除以份额，这样就得到了当日的基金份额净值，也就是投资者申购赎回的依据。

第 95 问　什么是基金的累计净值和复权净值?

除了基金份额净值外,投资者也会经常看到累计净值和复权净值的说法。一般来说,一些基金每年或多或少会有分红,而这些分红没有反映在基金的份额净值里,那么通过基金份额净值就无法知道基金往常的全部盈利情况,而通过观察累计净值就能弥补。例如,2024 年 4 月 30 日某基金产品的单位净值是 14.029 元,而累计净值达到 18.309 元,说明成立以来每份额累计分红为 4.28 元,基金份额累计净值 = 基金份额净值 + 基金成立后份额的累计分红金额。

复权净值反映的是分红再投资的收益。复权净值是将分红加回单位净值,并作为再投资进行复利计算,即假设投资者获得分红均选择红利再投资的情况下基金净值的水平。同样以某基金产品为例,2024 年 4 月 30 日它的复权净值为 1.674 2 元,意味着如果投资者在基金成立之初即持有基金,并且每次分红均选择红利再投资,则其总资产为当初本金的 1.674 2 倍。

第 96 问　为什么基金成立后会有封闭期?

基金成功募集足够资金宣告基金合同生效后都会有一段封闭期。在封闭期内,投资者不能够申购和赎回基金份额。封闭期的设立是对投资者的保护,以实现基金成立后的平稳运行。新基金成立后需有一段期间依市场情况逐步完成初步的建仓布局,也便于基金管理人为日常申购、赎回做好充分的准备,所以基金契约中一般都设有封闭期的规定。根据《公开募集证券投资基金运作管理办法》,开放式基金的基金合同可以约定基金管理人自基金合同生效之日起一定期限内不办理赎回;但约定的期限不得超过三个月，并应当在招募说明书中载明。对于投资者而言，基金投资应以长期为宜，投资者不应过度关注基金的短期封闭时间，但也应该做好资金的相关流动性安排。

第97问　为什么有的基金会暂停申购或限制申购？

投资者在投资基金的过程中，可能会发现个别基金会标明暂停申购的字样，或是限制最高的申购金额，其实这是基金运作时会出现的正常情况，是为了保障基金投资者的权益。中国证监会规定在发生特殊情形时，基金管理公司可以暂停受理客户提出的申购基金要求，特殊情形包括但不限于：（1）天灾、战争等不可抗力的情况；（2）证券交易所在交易时间内非正常的停市；（3）基金资产规模过大，使基金管理公司没办法找到合适的投资品种；（4）可能对现有基金持有人的利益造成损害；（5）基金管理人、基金托管人、基金销售代理人和注册与过户登记人的技术保障或人员支持等不充分。

实际情况中，很多基金产品限制或暂停申购更多的是出于对规模稳定性的保护，规模增长过快或波动太大都会给基金经理的操作带来不利影响。因此综合来看，基金暂停或限制申购主要为了保障基金持有人的利益。

第98问　衡量基金投资风险有哪些重要指标？

一、收益率标准差

收益率标准差衡量基金每日收益率相对于平均收益率的偏差程度大小，用于衡量基金收益的波动程度。基金标准差越大，相应的风险也就越大。如图 5-1 所示，A 基金和 B 基金的净值在一段时间里都增长了 20%，A 基金平稳增长，经过计算求得其标准差为 9%；而 B 基金则大起大落，计算求得其标准差为 18%。虽然两只基金净值涨幅一致，但 B 基金相较 A 基金的波动风险更大。

二、贝塔系数（β）

通常基金的收益率可以分解成两部分，简单来说，基金收益 = α + β × 市场涨跌。总收益中一部分与阿尔法系数（α）有关，代表基金的超额收益，该部分收益与市场涨跌无关，衡量的是基金经理的投资管理能力；总收益中另一部分与贝塔系数（β）有关，衡量该基金相对于整个市场的价格变动方向及幅度。

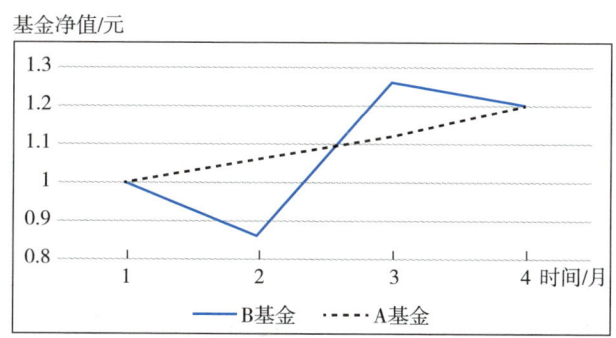

图 5-1　基金收益率标准差示例

当 β<0 时，代表基金与市场表现基本呈现反向变动，少数基金的贝塔系数为负；当 0<β<1 时，代表基金与市场表现基本呈现同向变动，且基金波动比市场波动更小；当 β=1 时，代表基金与市场表现变动一致；当 β>1 时，代表基金与市场表现基本呈现同向变动，且基金波动比市场波动更大。

三、最大回撤

最大回撤衡量投资者一定时期内可能面临的最大亏损,具体计算方法为:在选定周期内任一历史时点往后推,产品净值走到最低点时收益率回撤幅度的最大值。如图5-2所示,A基金和B基金的净值在一段时间里都增长了20%,A基金平稳增长,其最大回撤为0,而B基金则存在较大波动,最大回撤为(1.5-1.2)/1.5=20%。虽然两只基金净值涨幅一致,但B基金相较A基金的潜在最大亏损风险更大。

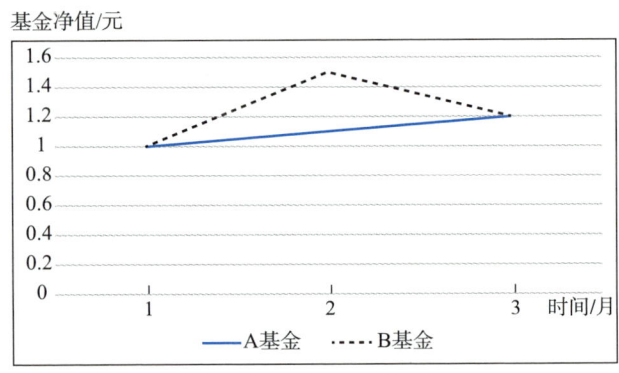

图5-2 基金最大回撤示例

四、夏普比率

夏普比率用来衡量基金的风险收益比,即每承受一单位总风险,可以相较无风险利率产生多少超额收益。夏普比率越大,代表基金的收益风险表现越好。夏普比率=(基金年化收益率-无风险利率)/基金年化波动率。举例来说,如果A基金的夏普比率为0.5,而同类型基金的平均夏普比率为0.2,则意味着A基金的风险收益表现优于同类型基金的平均水平。

五、跟踪误差

跟踪误差是评价指数基金的主要指标,它衡量的是基金投资组合回报与标的指数回报偏离的风险，即基金与标的指数走势间的密切程度。跟踪误差越小意味着基金与指数走势越紧密，也就意味着投资者可以获得与指数表现更为接近的收益。

第99问　基金产品的风险等级是如何划分的？

不同类型的基金产品在预期收益和风险特征方面的差异是很大的，在基金的销售过程中要遵循适当性原则，即根据基金投资人的风险承受能力向其推荐不同风险等级的产品，把合适的产品销售给合适的基金投资人。

根据《证券期货投资者适当性管理办法》（中国证券监督管理委员会令第130号）及《基金募集机构投资者适当性管理实施指引（试行）》（中基协发〔2017〕4号）等相关规定，在综合参考产品类型、投资方向和投资范围、流动性、到期时限、结构复杂性、募集方式等因素的基础上，可以对产品或者服务风险等级依照其风险水平由低至高划分为不同的等级（R1—R5），便于投资者和销售机构了解产品的风险属性。

以某基金公司为例，其基金产品评级等级见表5-3。

表5-3　某基金公司基金产品评级等级

类型	风险等级
普通货币	R1
特殊货币（如场内货币、货币ETF）	R1
理财债券型	R2
纯债及一级债	R2
二级债	R2
特殊债券（如定期开放型、QDII、FOF、ETF等）	R2

续表

类型	风险等级
可转债基金	R3
分级基金 A 份额	
偏债及灵活配置（股票下限可达 0）	
平衡混合（股票下限高于 0 低于 60%）	
偏股混合（股票下限 60%）	
特殊混合（如定期开放型、QDII、FOF 等）	
债券基金分级 B 份额	R4
主动股票（股票下限 80%）	
指数及 ETF 联接	
特殊股票（如 QDII、普通 ETF、FOF 等）	
股票基金分级 B 份额	R5
可转债基金分级 B 份额	
创新或复杂产品（如跨境 ETF、商品 ETF 等）	

注：QDII 为 qualified domestic institutional investor 的缩写，指在国内设立，经有关部门批准从事境外证券市场的股票、债券等有价证券业务的证券投资基金。

第 100 问　个人养老金产品管理机构应当履行哪些投资者的教育职责？

一、商业银行

根据《商业银行和理财公司个人养老金业务管理暂行办法》，个人养老金资金账户开户行可开办个人养老金咨询业务，为参加人提供个人养老金产品投资咨询服务。个人养老金咨询业务所涉及的产品标的，应当为金融监管机构确定的个人养老金产品。涉及个人养老金基金产品的，还应当符合中国证监会有关规定。

二、理财公司

根据《商业银行和理财公司个人养老金业务管理暂行办法》，

个人养老金理财产品发行机构和销售机构应当引导投资者树立长期投资、合理回报的投资理念。

三、保险公司

根据《关于保险公司开展个人养老金业务有关事项的通知》，保险公司应当在自营网络平台、移动客户端等为个人养老金相关业务建立专区，提供教育宣传服务。

保险公司与参加人签订保险合同前，应当就以下事项专门作出说明：（1）个人养老金制度及其税收政策；（2）个人养老金资金账户管理要求；（3）银保行业平台信息管理要求。

四、基金管理人、基金销售机构

根据《个人养老金投资公开募集证券投资基金业务管理暂行规定》，基金管理人、基金销售机构应当针对个人养老金投资基金业务，强化投资者教育、客户服务等能力建设，确保业务运作符合个人养老金相关制度及中国证监会的规定，切实维护投资人合法权益。

基金销售机构应当依照法律法规和中国证监会的规定开展个人养老金基金的宣传推介活动，强化投资者适当性管理，并履行下列职责：（1）全面介绍产品不保证本金、不保证收益、追求长期收益等风险收益特征；（2）向投资人展示产品资料概要，清晰揭示产品的封闭期或者持有期、权益资产等高风险资产的投资比例、费用项目和费率水平等信息；（3）强化投资者适当性管理，个人养老金基金按照风险收益特征进行风险等级划分，根据投资人年龄、退休日期、收入水平和风险偏好等情况向投资人推介基金，不得向投资人主动推介超出其风险承受能力的基金，不得承诺或者宣传产品保本保收益，不得宣传产品预期收益率。

基金销售机构应当主要以定期投资等方式引导投资人长期

投资。

基金销售机构应当积极开展养老金融教育，普及养老投资理念，加强投资人对养老金政策的理解。基金销售机构为投资人办理个人养老金基金专用交易账户开立后，投资人长期未购买个人养老金基金的，基金销售机构应当予以适当提示。

附件一　关于推动个人养老金发展的意见

国务院办公厅关于
推动个人养老金发展的意见

国办发〔2022〕7号

各省、自治区、直辖市人民政府，国务院各部委、各直属机构：

为推进多层次、多支柱养老保险体系建设，促进养老保险制度可持续发展，满足人民群众日益增长的多样化养老保险需要，根据《中华人民共和国社会保险法》《中华人民共和国银行业监督管理法》《中华人民共和国保险法》《中华人民共和国证券投资基金法》等法律法规，经党中央、国务院同意，现就推动个人养老金发展提出以下意见：

一、总体要求

以习近平新时代中国特色社会主义思想为指导，全面贯彻党的十九大和十九届历次全会精神，认真落实党中央、国务院决策部署，坚持以人民为中心的发展思想，完整、准确、全面贯彻新发展理念，加快构建新发展格局，推动发展适合中国国情、政府政策支持、个人自愿参加、市场化运营的个人养老金，与基本养老保险、企业（职业）年金相衔接，实现养老保险补充功能，协调发展其他个人商业养老金融业务，健全多层次、多支柱养老保险体系。

推动个人养老金发展坚持政府引导、市场运作、有序发展的原则。注重发挥政府引导作用，在多层次、多支柱养老保险体系中统筹布局个人养老金；充分发挥市场作用，营造公开公平公正的竞争环境，调动各方面积极性；严格监督管理，切实防范风险，促进个人养老金健康有序发展。

二、参加范围

在中国境内参加城镇职工基本养老保险或者城乡居民基本养老保险的劳动者，可以参加个人养老金制度。

三、制度模式

个人养老金实行个人账户制度，缴费完全由参加人个人承担，实行完全积累。参加人通过个人养老金信息管理服务平台（以下简称信息平台），建立个人养老金账户。个人养老金账户是参加个人养老金制度、享受税收优惠政策的基础。

参加人可以用缴纳的个人养老金在符合规定的金融机构或者其依法合规委托的销售渠道（以下统称金融产品销售机构）购买金融产品，并承担相应的风险。参加人应当指定或者开立一个本人唯一的个人养老金资金账户，用于个人养老金缴费、归集收益、支付和缴纳个人所得税。个人养老金资金账户可以由参加人在符合规定的商业银行指定或者开立，也可以通过其他符合规定的金融产品销售机构指定。个人养老金资金账户实行封闭运行，其权益归参加人所有，除另有规定外不得提前支取。

参加人变更个人养老金资金账户开户银行时，应当经信息平台核验后，将原个人养老金资金账户内的资金转移至新的个人养老金资金账户并注销原资金账户。

四、缴费水平

参加人每年缴纳个人养老金的上限为12 000元。人力资源社会保障部、财政部根据经济社会发展水平和多层次、多支柱养老保险体系发展情况等因素适时调整缴费上限。

五、税收政策

国家制定税收优惠政策，鼓励符合条件的人员参加个人养老金制度并依规领取个人养老金。

六、个人养老金投资

个人养老金资金账户资金用于购买符合规定的银行理财、储蓄存款、商业养老保险、公募基金等运作安全、成熟稳定、标的规范、侧重长期保值的满足不同投资者偏好的金融产品，参加人可自主选择。参与个人养老金运行的金融机构和金融产品由相关金融监管部门确定，并通过信息平台和金融行业平台向社会发布。

七、个人养老金领取

参加人达到领取基本养老金年龄、完全丧失劳动能力、出国（境）定居，或者具有其他符合国家规定的情形，经信息平台核验领取条件后，可以按月、分次或者一次性领取个人养老金，领取方式一经确定不得更改。领取时，应将个人养老金由个人养老金资金账户转入本人社会保障卡银行账户。

参加人死亡后，其个人养老金资金账户中的资产可以继承。

八、信息平台

信息平台由人力资源社会保障部组织建设，与符合规定的商业银行以及相关金融行业平台对接，归集相关信息，与财政、税务等部门共享相关信息，为参加人提供个人养老金账户管理、缴费管理、信息查询等服务，支持参加人享受税收优惠政策，为个人养老金运行提供信息核验和综合监管支撑，为相关金融监管部门、参与个人养老金运行的金融机构提供相关信息服务。不断提升信息平台的规范化、信息化、专业化管理水平，运用"互联网+"创新服务方式，为参加人提供方便快捷的服务。

九、运营和监管

人力资源社会保障部、财政部对个人养老金发展进行宏观指导，根据职责对个人养老金的账户设置、缴费上限、待遇领取、税收优惠等制定具体政策并进行运行监管，定期向社会披露相关信息。税务部门依法对个人养老金实施税收征管。相关金融监管部门根据各自职责，依法依规对参与个人养老金运行金融机构的经营活动进行监管，督促相关金融机构优化产品和服务，做好产品风险提示，对产品的风险性进行监管，加强对投资者的教育。

各参与部门要建立和完善投诉机制，积极发挥社会监督作用，及时发现解决个人养老金运行中出现的问题。

十、组织领导

推动个人养老金发展是健全多层次、多支柱养老保险体系，增强人民群众获得感、幸福感、安全感的重要举措，直接关系广大参加人的切身利益。各地区要加强领导、周密部署、广泛宣传，稳妥有序推动有关工作落地实施。各相关部门要按照职责分工制定落实本意见的具体政策措施，同向发力、密切协同，指导地方和有关金融机构切实做好相关工作。人力资源社会保障部、财政部要加强指导和协调，结合实际分步实施，选择部分城市先试行1年，再逐步推开，及时研究解决工作中遇到的问题，确保本意见顺利实施。

国务院办公厅

2022年4月8日

附件二　个人养老金实施办法

人力资源社会保障部　财政部　国家税务总局银保监会　证监会关于印发《个人养老金实施办法》的通知

人社部发〔2022〕70号

各省、自治区、直辖市及新疆生产建设兵团人力资源社会保障厅（局）、财政厅（局），国家税务总局各省、自治区、直辖市、计划单列市税务局，各银保监局、证监局：

为贯彻落实《国务院办公厅关于推动个人养老金发展的意见》（国办发〔2022〕7号），我们制定了《个人养老金实施办法》，现印发给你们，请认真贯彻落实。实施中遇到新情况、新问题，请及时向主管部门报告。

人力资源社会保障部

财政部

国家税务总局

银保监会

证监会

2022年10月26日

个人养老金实施办法

第一章 总 则

第一条 为贯彻落实《国务院办公厅关于推动个人养老金发展的意见》(国办发〔2022〕7号),加强个人养老金业务管理,规范个人养老金运作流程,制定本实施办法。

第二条 个人养老金是指政府政策支持、个人自愿参加、市场化运营、实现养老保险补充功能的制度。个人养老金实行个人账户制,缴费完全由参加人个人承担,自主选择购买符合规定的储蓄存款、理财产品、商业养老保险、公募基金等金融产品(以下统称个人养老金产品),实行完全积累,按照国家有关规定享受税收优惠政策。

第三条 本实施办法适用于个人养老金的参加人、人力资源社会保障部组织建设的个人养老金信息管理服务平台(以下简称信息平台)、金融行业平台、参与金融机构和相关政府部门等。

个人养老金的参加人应当是在中国境内参加城镇职工基本养老保险或者城乡居民基本养老保险的劳动者。金融行业平台为金融监管部门组织建设的业务信息平台。参与金融机构包括经中国银行保险监督管理委员会确定开办个人养老金资金账户业务的商业银行(以下简称商业银行),以及经金融监管部门确定的个人养老金产品发行机构和销售机构。

第四条 信息平台对接商业银行和金融行业平台,以及相关政府部门,为个人养老金实施、参与部门职责内监管和政府宏观指导提供支持。

信息平台通过国家社会保险公共服务平台、全国人力资源和社会保障政务服务平台、电子社保卡、掌上12333 App等全国统一线上服务入口或者商业银行等渠道,为参加人提供个人养老金服务，支持参加人开立个人养老金账户，查询个人养老金资金账户缴费额度、个人资产信息和个人养老金产品等信息，根据参加人需要提供涉税凭证。

第五条 各参与部门根据职责，对个人养老金的实施情况、参与金融机构和个人养老金产品等进行监管。各地区要加强领导、周密部署、广泛宣传，稳妥有序推动个人养老金发展。

第二章 参加流程

第六条 参加人参加个人养老金，应当通过全国统一线上服务入口或者商业银行渠道，在信息平台开立个人养老金账户；其他个人养老金产品销售机构可以通过商业银行渠道，协助参加人在信息平台在线开立个人养老金账户。

个人养老金账户用于登记和管理个人身份信息，并与基本养老保险关系关联，记录个人养老金缴费、投资、领取、抵扣和缴纳个人所得税等信息，是参加人参加个人养老金、享受税收优惠政策的基础。

第七条 参加人可以选择一家商业银行开立或者指定本人唯一的个人养老金资金账户，也可以通过其他符合规定的个人养老金产品销售机构指定。

个人养老金资金账户作为特殊专用资金账户，参照个人人民币银行结算账户项下Ⅱ类户进行管理。个人养老金资金账户与个人养老金账户绑定，为参加人提供资金缴存、缴费额度登记、个人养老金产品投资、个人养老金支付、个人所得税税款支付、资金与相关权益信息查询等服务。

第八条 参加人每年缴纳个人养老金额度上限为 12 000 元，参加人每年缴费不得超过该缴费额度上限。人力资源社会保障部、财政部根据经济社会发展水平、多层次养老保险体系发展情况等因素适时调整缴费额度上限。

第九条　参加人可以按月、分次或者按年度缴费，缴费额度按自然年度累计，次年重新计算。

第十条　参加人自主决定个人养老金资金账户的投资计划，包括个人养老金产品的投资品种、投资金额等。

第十一条　参加人可以在不同商业银行之间变更其个人养老金资金账户。参加人办理个人养老金资金账户变更时，应向原商业银行提出，经信息平台确认后，在新商业银行开立新的个人养老金资金账户。

参加人在个人养老金资金账户变更后，信息平台向原商业银行提供新的个人养老金资金账户及开户行信息，向新商业银行提供参加人当年剩余缴费额度信息。参与金融机构按照参加人的要求和相关业务规则，为参加人办理原账户内资金划转及所持有个人养老金产品转移等手续。

第十二条　个人养老金资金账户封闭运行，参加人达到以下任一条件的，可以按月、分次或者一次性领取个人养老金。

（一）达到领取基本养老金年龄；

（二）完全丧失劳动能力；

（三）出国（境）定居；

（四）国家规定的其他情形。

第十三条　参加人已领取基本养老金的，可以向商业银行提出领取个人养老金。商业银行受理后，应通过信息平台核验参加人的领取资格，获取参加人本人社会保障卡银行账户，按照参加人选定的领取方式，完成个人所得税代扣后，将资金划转至参加人本人社会保障卡银行账户。

参加人符合完全丧失劳动能力、出国（境）定居或者国家规定的其他情形等领取个人养老金条件的，可以凭劳动能力鉴定结论书、出国（境）定居证明等向商业银行提出。商业银行审核并报送信息平台核验备案后，为参加人办理领取手续。

第十四条 鼓励参加人长期领取个人养老金。

参加人按月领取时，可以按照基本养老保险确定的计发月数逐月领取，也可以按照自己选定的领取月数逐月领取，领完为止；或者按照自己确定的固定额度逐月领取，领完为止。

参加人选取分次领取的，应选定领取期限，明确领取次数或方式，领完为止。

第十五条 参加人身故的，其个人养老金资金账户内的资产可以继承。

参加人出国（境）定居、身故等原因社会保障卡被注销的，商业银行将参加人个人养老金资金账户内的资金转至其本人或者继承人指定的资金账户。

第十六条 参加人完成个人养老金资金账户内资金（资产）转移，或者账户内的资金（资产）领取完毕的，商业银行注销该资金账户。

第三章 信息报送和管理

第十七条 信息平台对个人养老金账户及业务数据实施统一集中管理，与基本养老保险信息、社会保障卡信息关联，支持制度实施监控、决策支持等。

第十八条 商业银行应及时将个人养老金资金账户相关信息报送至信息平台。具体包括：

（一）个人基本信息。包括个人身份信息、个人养老金资金账户信息等。

（二）相关产品投资信息。包括产品交易信息、资产信息。

（三）资金信息。包括缴费信息、资金划转信息、相关资产转移信息、领取信息、缴纳个人所得税信息、资金余额信息等。

第十九条　商业银行根据业务流程和信息的时效性需要，按照实时核验、定时批量两类时效与信息平台进行交互，其中：

（一）商业银行在办理个人养老金资金账户开立、变更、注销和资金领取等业务时，实时核验参加人基本养老保险参保状态、个人养老金账户和资金账户唯一性，并报送有关信息；

（二）商业银行在办理完个人养老金资金账户开立、缴费、资金领取，以及提供与个人养老金产品交易相关的资金划转等服务后，定时批量报送相关信息。

第二十条　金融行业平台应及时将以下数据报送至信息平台。

（一）个人养老金产品发行机构、销售机构的基本信息；

（二）个人养老金产品的基本信息；

（三）参加人投资相关个人养老金产品的交易信息、资产信息数据等。

第二十一条　信息平台应当及时向商业银行和金融行业平台提供技术规范，确保对接顺畅。

推进信息平台与相关部门共享信息，为规范制度实施、实施业务监管、优化服务体验提供支持。

第四章　个人养老金资金账户管理

第二十二条　商业银行应完成与信息平台、金融行业平台的系统对接，经验收合格后办理个人养老金业务。

第二十三条　商业银行可以通过本机构柜面或者电子渠道，为参加人开立个人养老金资金账户。

商业银行为参加人开立个人养老金资金账户，应当通过信息平台完成个人养老金账户核验。

附件二　个人养老金实施办法

商业银行也可以核对参加人提供的由社会保险经办机构出具的基本养老保险参保证明或者个人权益记录单等相关材料，报经信息平台开立个人养老金账户后，为参加人开立个人养老金资金账户，并与个人养老金账户绑定。

第二十四条　参加人开立个人养老金资金账户时，应当按照金融监管部门要求向商业银行提供有效身份证件等材料。

商业银行为参加人开立个人养老金资金账户，应当严格遵守相关规定。

第二十五条　个人养老金资金账户应支持参加人通过商业银行结算账户、非银行支付机构、现金等途径缴费。商业银行应为参加人、个人养老金产品销售机构等提供与个人养老金产品交易相关的资金划转服务。

第二十六条　商业银行应实时登记个人养老金资金账户的缴费额度，对于超出当年缴费额度上限的，应予以提示，并不予受理。

第二十七条　商业银行应根据相关个人养老金产品交易结果，记录参加人交易产品信息。

第二十八条　商业银行应为参加人个人养老金资金账户提供变更服务，并协助做好新旧账户衔接和旧账户注销。原商业银行、新商业银行应通过信息平台完成账户核验、账户变更、资产转移、信息报送等工作。

第二十九条　商业银行应当区别处理转移资金，转移资金中的本年度缴费额度累计计算。

第三十条　个人养老金资金账户当日发生缴存业务的，商业银行不应为其办理账户变更手续。办理资金账户变更业务期间，原个人养老金资金账户不允许办理缴存、投资以及支取等业务。

第三十一条　商业银行开展个人养老金资金账户业务，应当公平对待符合规定的个人养老金产品发行机构和销售机构。

第三十二条 商业银行应保存个人养老金资金账户全部信息自账户注销日起至少十五年。

第五章 个人养老金机构与产品管理

第三十三条 个人养老金产品及其发行、销售机构由相关金融监管部门确定。个人养老金产品及其发行机构信息应当在信息平台和金融行业平台同日发布。

第三十四条 个人养老金产品应当具备运作安全、成熟稳定、标的规范、侧重长期保值等基本特征。

第三十五条 商业银行、个人养老金产品发行机构和销售机构应根据有关规定，建立健全业务管理制度，包括但不限于个人养老金资金账户服务、产品管理、销售管理、合作机构管理、信息披露等。商业银行发现个人养老金实施中存在违规行为、相关风险或者其他问题的，应及时向监管部门报告并依规采取措施。

第三十六条 个人养老金产品交易所涉及的资金往来，除另有规定外必须从个人养老金资金账户发起，并返回个人养老金资金账户。

第三十七条 个人养老金产品发行、销售机构应为参加人提供便利的购买、赎回等服务，在符合监管规则及产品合同的前提下，支持参加人进行产品转换。

第三十八条 个人养老金资金账户内未进行投资的资金按照商业银行与个人约定的存款利率及计息方式计算利息。

第三十九条 个人养老金产品销售机构要以"销售适当性"为原则，依法了解参加人的风险偏好、风险认知能力和风险承受能力，做好风险提示，不得主动向参加人推介超出其风险承受能力的个人养老金产品。

第六章 信息披露

第四十条 人力资源社会保障部、财政部汇总并披露个人养老金实施情况,包括但不限于参加人数、资金积累和领取、个人养老金产品的投资运作数据等情况。

第四十一条 信息披露应当以保护参加人利益为根本出发点,保证所披露信息的真实性、准确性、完整性,不得有虚假记载、误导性陈述和重大遗漏。

第七章 监督管理

第四十二条 人力资源社会保障部、财政部根据职责对个人养老金的账户设置、缴费额度、领取条件、税收优惠等制定具体政策并进行运行监管。税务部门依法对个人养老金实施税收征管。

第四十三条 人力资源社会保障部对信息平台的日常运行履行监管职责,规范信息平台与商业银行、金融行业平台、有关政府部门之间的信息交互流程。

第四十四条 人力资源社会保障部、财政部、税务部门在履行日常监管职责时,可依法采取以下措施:

(一)查询、记录、复制与被调查事项有关的个人养老金业务的各类合同等业务资料;

(二)询问与调查事项有关的机构和个人,要求其对有关问题做出说明、提供有关证明材料;

(三)其他法律法规和国家规定的措施。

第四十五条 中国银行保险监督管理委员会、中国证券监督管理委员会根据职责,分别制定配套政策,明确参与金融机构的名单、业务流程、个人养老金产品条件、监管信息报送等要求，规范银行保险机构个人养老金业务和个人养老金投资公募基金业务，对参与金融机构发行、销售个人养老金产品等经营活动依法履行监管职责，督促参与金融机构优化产品和服务，做好产品风险提示，加强投资者教育。

参与金融机构违反本实施办法的，中国银行保险监督管理委员会、中国证券监督管理委员会依法依规采取措施。

第四十六条 中国银行保险监督管理委员会、中国证券监督管理委员会对金融行业平台有关个人养老金业务的日常运营履行监管职责。

第四十七条 各参与部门要加强沟通，通过线上线下等多种途径，及时了解社会各方面对个人养老金的意见建议，处理个人养老金实施过程中的咨询投诉。

第四十八条 各参与机构应当积极配合检查，如实提供有关资料，不得拒绝、阻挠或者逃避检查，不得谎报、隐匿或者销毁相关证据材料。

第四十九条 参与机构违反本实施办法规定或者相关法律法规的，人力资源社会保障部、财政部、税务部门按照职责依法依规采取措施。

第八章 附　则

第五十条 中国银行保险监督管理委员会、人力资源社会保障部会同相关部门做好个人税收递延型商业养老保险试点与个人养老金的衔接。

第五十一条 本实施办法自印发之日起施行。

第五十二条 人力资源社会保障部、财政部、国家税务总局、中国银行保险监督管理委员会、中国证券监督管理委员会根据职责负责本实施办法的解释。

附件三 关于个人养老金有关个人所得税政策的公告

关于个人养老金有关个人所得税政策的公告

财政部 税务总局公告 2022 年第 34 号

为贯彻落实《国务院办公厅关于推动个人养老金发展的意见》(国办发〔2022〕7 号) 有关要求,现就个人养老金有关个人所得税政策公告如下:

一、自 2022 年 1 月 1 日起,对个人养老金实施递延纳税优惠政策。在缴费环节,个人向个人养老金资金账户的缴费,按照 12 000 元/年的限额标准,在综合所得或经营所得中据实扣除;在投资环节,计入个人养老金资金账户的投资收益暂不征收个人所得税;在领取环节,个人领取的个人养老金,不并入综合所得,单独按照 3% 的税率计算缴纳个人所得税,其缴纳的税款计入"工资、薪金所得"项目。

二、个人缴费享受税前扣除优惠时,以个人养老金信息管理服务平台出具的扣除凭证为扣税凭据。取得工资薪金所得、按累计预扣法预扣预缴个人所得税劳务报酬所得的,其缴费可以选择在当年预扣预缴或次年汇算清缴时在限额标准内据实扣除。选择在当年预扣预缴的,应及时将相关凭证提供给扣缴单位。扣缴单位应按照本公告有关要求,为纳税人办理税前扣除有关事项。取得其他劳务报酬、稿酬、特许权使用费等所得或经营所得的，其缴费在次年汇算清缴时在限额标准内据实扣除。个人按规定领取个人养老金时，由开立个人养老金资金账户所在市的商业银行机构代扣代缴其应缴的个人所得税。

三、人力资源社会保障部门与税务部门应建立信息交换机制，通过个人养老金信息管理服务平台将个人养老金涉税信息交换至税务部门，并配合税务部门做好相关税收征管工作。

四、商业银行有关分支机构应及时对在该行开立个人养老金资金账户纳税人的纳税情况进行全员全额明细申报，保证信息真实准确。

五、各级财政、人力资源社会保障、税务、金融监管等部门应密切配合，认真做好组织落实，对本公告实施过程中遇到的困难和问题，及时向上级主管部门反映。

六、本公告规定的税收政策自 2022 年 1 月 1 日起在个人养老金先行城市实施。

个人养老金先行城市名单由人力资源社会保障部会同财政部、税务总局另行发布。上海市、福建省、苏州工业园区等已实施个人税收递延型商业养老保险试点的地区，自 2022 年 1 月 1 日起统一按照本公告规定的税收政策执行。

特此公告。

财政部

税务总局

2022 年 11 月 3 日

附件四　个人养老金投资公开募集证券投资基金业务管理暂行规定

中国证券监督管理委员会公告

〔2022〕46号

现公布《个人养老金投资公开募集证券投资基金业务管理暂行规定》，自公布之日起施行。

证监会

2022年11月4日

个人养老金投资公开募集证券投资基金业务管理暂行规定

第一章　总　则

第一条　为推进多层次、多支柱养老保险体系建设，规范个人养老金投资公开募集证券投资基金业务（以下简称个人养老金投资基金业务）的相关活动，保护投资人合法权益，根据《证券投资基金法》、《国务院办公厅关于推动个人养老金发展的意见》、《公开募集证券投资基金运作管理办法》（以下简称《运作办法》）、《公开募集证券投资基金销售机构监督管理办法》（以下简称《销售办法》）、《证券投资基金托管业务管理办法》（以下简称《托管办法》）等法律法规以及《个人养老金实施办法》相关要求，制定本规定。

第二条 本规定所称个人养老金投资基金，是指投资人根据《国务院办公厅关于推动个人养老金发展的意见》等有关规定，通过个人养老金资金账户购买符合规定的基金产品。

基金管理人、基金托管人、基金销售机构、基金评价机构等机构开展个人养老金投资基金业务的相关活动，适用本规定。

第三条 基金管理人、基金托管人、基金销售机构等机构开展个人养老金投资基金业务的，应当坚持投资人利益优先原则，落实资产安全性、运作稳健性、投资长期性、服务便利性等基本要求，履行诚实信用、谨慎勤勉的义务，确保业务规范、安全、可持续发展。

第四条 中国证监会及其派出机构依照法律法规和本规定，对个人养老金投资基金业务进行监督管理。

中国证券投资基金业协会（以下简称基金业协会）依照法律法规、本规定及自律规则，对个人养老金投资基金业务实施自律管理。

第五条 个人养老金基金行业平台（以下简称基金行业平台）是个人养老金投资基金业务的信息服务平台。中国证监会授权中国证券登记结算有限责任公司（以下简称中国结算）等机构建设并运营基金行业平台，为个人养老金投资基金业务提供支持，并对基金行业平台相关业务实施管理。

第二章 基本要求

第六条 基金管理人、基金销售机构应当针对个人养老金投

附件四　个人养老金投资公开募集证券投资基金业务管理暂行规定

资基金业务，建立健全并有效执行专门的管理制度和流程，完善组织架构和系统建设，配备足够的专业人员，强化投资、研究、销售、风险管理、投资者教育、客户服务等能力建设，确保业务运作符合个人养老金相关制度及中国证监会的规定，切实维护投资人合法权益。

第七条　基金管理人、基金销售机构应当建立长周期考核机制，对个人养老金投资基金业务、产品业绩、人员绩效的考核周期不得短于5年。

基金评价机构应当坚持长期评价原则，业绩评价期限不得短于5年，不得使用单一指标进行排名或者评价，不得进行短期收益和规模排名。

第八条　基金管理人、基金托管人、基金销售机构等机构应当在各自职责范围内，按照个人养老金相关制度规定，保障投资人参与个人养老金投资基金业务相关资金及资产的安全封闭运行。

除另有规定外，基金管理人、基金销售机构应当确保基金份额购买等款项来自个人养老金资金账户，基金份额赎回等款项转入个人养老金资金账户。基金管理人、基金销售机构办理继承等事项的，应当通过份额赎回方式办理，个人养老金相关制度另有规定的除外。

第九条　个人养老金资金和资产独立于基金管理人、基金销售机构、基金托管人等机构的自有资产。

非因投资人本身的债务或者法律法规规定的其他情形，不得查封、冻结、扣划或者强制执行个人养老金投资基金业务的基金销售结算资金、基金份额。

第三章　产品管理

第十条　个人养老金可以投资的基金产品（以下简称个人

养老金基金）应当具备运作安全、成熟稳定、标的规范、侧重长期保值等特征，且基金管理人具备《运作办法》第六条规定的条件。产品类型包括：

（一）最近4个季度末规模不低于5 000万元或者上一季度末规模不低于2亿元的养老目标基金；

（二）投资风格稳定、投资策略清晰、运作合规稳健且适合个人养老金长期投资的股票基金、混合基金、债券基金、基金中基金和中国证监会规定的其他基金。

个人养老金基金名录由中国证监会确定，每季度通过中国证监会网站、基金业协会网站、基金行业平台等向社会发布。

第十一条　个人养老金基金出现下列情形的，基金管理人应当在5个工作日内向中国证监会报告，中国证监会将不定期移出名录：

（一）依据法律法规规定及基金合同约定，不再符合产品存续条件的；

（二）产品发生重大变化导致不再适合个人养老金投资的；

（三）中国证监会规定的其他情形。

个人养老金基金被移出名录后，基金管理人、基金销售机构等机构应当做好信息披露和提示等工作，并暂停办理相关产品份额的申购等。

第十二条　个人养老金基金应当针对个人养老金投资基金业务设立单独的份额类别，在基金合同、招募说明书等文件中清晰约定，并依法进行注册或者备案。

个人养老金基金的单设份额类别不得收取销售服务费，可以豁免申购限制和申购费等销售费用（法定应当收取并计入基金资产的费用除外），可以对管理费和托管费实施一定的费率优惠。

第十三条　基金管理人可以根据投资人不同生命周期阶段的

附件四　个人养老金投资公开募集证券投资基金业务管理暂行规定

养老投资需求和资金使用需求,在做好充分信息披露的前提下,对个人养老金基金产品设计做出以下安排:

(一)为鼓励投资人在个人养老金积累期长期投资,将分红方式设置为红利再投资;

(二)为鼓励投资人在个人养老金领取期长期领取,设置定期分红、定期支付、定额赎回等机制;

(三)在运作方式、持有期限、投资策略、估值方法、申赎转换等方面的其他安排。

第十四条　基金管理人在个人养老金基金的投资管理过程中,应当恪尽职守、专业审慎,结合个人养老金投资基金业务特点,坚持长期投资、价值投资,加强对个人养老金基金资产配置、投资标的、估值方法、风险状况、产品业绩等方面的研究分析,确保投资管理的科学性、稳健性和长期性。

基金管理人应当建立有效机制,严格遵守基金合同约定的投资目标、投资策略和投资限制,保持清晰、稳定的投资风格,合理控制投资组合与业绩比较基准的偏离。

第十五条　基金管理人应当根据个人养老金投资基金业务特征,建立健全风险管理机制和应急预案,有效防范和控制各类风险对产品运作的影响,确保投资人的合法权益不受损害并得到公平对待。

第四章　销售管理

第十六条　中国证监会根据以下条件确定可以开展个人养老金基金销售相关业务的基金销售机构名录,并每季度通过中国证监会网站、基金业协会网站、基金行业平台等向社会发布。

(一)经营状况良好,财务指标稳健,具备较强的公募基金销售能力;最近4个季度末股票基金和混合基金保有规模不低于

200亿元，其中，个人投资者持有规模不低于50亿元。

（二）公司治理健全，内部控制完善，具备较高的合规管理水平；最近3年没有受到刑事处罚或者重大行政处罚；最近1年没有因相近业务被采取重大行政监管措施；没有因相近业务存在重大违法违规行为处于整改期间，或者因相近业务涉嫌重大违法违规行为正在被监管机构调查；不存在已经影响或者可能影响公司正常经营的重大变更事项，或者重大诉讼、仲裁等事项。

（三）与基金行业平台完成联网测试。

（四）中国证监会规定的其他条件。

基金管理人及其销售子公司可以办理该基金管理人募集的个人养老金基金的销售相关业务，且不适用前款第（一）项规定。

第十七条　基金销售机构出现下列情形的，应当在5个工作日内向中国证监会报告，中国证监会将不定期移出名录：

（一）连续2年不符合本规定第十六条第（一）项规定的条件；

（二）基金销售业务资格被依法撤销或者终止的；

（三）存在重大风险隐患；

（四）中国证监会规定的其他情形。

基金销售机构被移出名录后，基金销售机构不得新增个人养老金投资基金业务。

第十八条　基金销售机构应当向投资人充分解释说明个人养老金相关制度，在投资人首次投资个人养老金基金前，向投资人特别提示以下信息，并由投资人确认：

（一）基金份额赎回等款项将转入个人养老金资金账户，投资人未达到领取基本养老金年龄或者政策规定的其他领取条件时不可领取个人养老金；

（二）投资人应当如实提供个人身份信息、个人养老金资金

附件四　个人养老金投资公开募集证券投资基金业务管理暂行规定

账户信息；

（三）基金管理人、基金销售机构对个人信息的收集、保存、使用等情况；

（四）个人养老金投资基金业务具有自愿参加、自主选择、自担风险等业务属性；

（五）个人养老金每年缴费额度上限及相关税收政策；

（六）其他重要信息。

第十九条　基金销售机构应当根据投资人申请提供相关账户服务，并符合法律法规和个人养老金相关制度要求。账户服务包括：

（一）为投资人开立个人养老金基金专用交易账户，并绑定个人养老金资金账户作为结算账户；

（二）可以协助投资人通过商业银行等渠道在人力资源社会保障部个人养老金信息管理服务平台（以下简称信息平台）开立个人养老金账户；

（三）可以协助投资人在商业银行在线开立或者指定本人唯一的个人养老金资金账户；

（四）个人养老金资金账户变更后，为投资人办理新增或者变更结算账户、转托管转出等业务；

（五）个人养老金相关制度规定的其他职责。

第二十条　基金销售机构应当依照法律法规和中国证监会的规定开展个人养老金基金的宣传推介活动，强化投资者适当性管理，并履行下列职责：

（一）全面介绍产品不保证本金、不保证收益、追求长期收益等风险收益特征；

（二）向投资人展示产品资料概要，清晰揭示产品的封闭期或者持有期、权益资产等高风险资产的投资比例、费用项目和费率水平等信息；

（三）强化投资者适当性管理，个人养老金基金按照风险收益特征进行风险等级划分，根据投资人年龄、退休日期、收入水平和风险偏好等情况向投资人推介基金，不得向投资人主动推介超出其风险承受能力的基金，不得承诺或者宣传产品保本保收益，不得宣传产品预期收益率。

第二十一条 基金销售机构应当主要以定期投资等方式引导投资人长期投资。

基金销售机构为投资人办理其他基金份额向个人养老金基金份额转换业务、提供默认投资选择等服务的，应当符合个人养老金相关制度和中国证监会的规定，并在销售协议中充分揭示服务内容和风险。

基金销售机构在有效核实投资人身份及交易意愿、确保资金安全的前提下，可以将投资人赎回其他基金份额的销售结算资金转入投资人个人养老金资金账户，转入金额应当符合个人养老金制度关于缴费额度上限的规定。基金销售结算资金监督机构应当依法对相关销售结算资金划转流程进行监督。

第二十二条 基金销售机构应当在其互联网网站、移动客户端等渠道的醒目位置设立个人养老金投资基金业务专区，提供业务咨询、产品申赎、信息查询等相关服务。

基金销售机构应当积极开展养老金融教育，普及养老投资理念，加强投资人对养老金政策的理解。基金销售机构为投资人办理个人养老金基金专用交易账户开立后，投资人长期未购买个人养老金基金的，基金销售机构应当予以适当提示。

第二十三条 基金销售机构应当为投资人提供便捷的信息查询服务，查询信息包括但不限于个人基本信息、基金产品基本信息、持有份额信息等。根据投资人授权，基金销售机构可以依法协助投资人查询个人养老金缴费等相关信息。

第二十四条 基金销售机构应当及时处理投资人提出的个人养老金投资基金业务相关投诉、咨询及意见建议。

附件四 个人养老金投资公开募集证券投资基金业务管理暂行规定

第五章 基金行业平台

第二十五条 基金行业平台按照个人养老金相关制度要求与信息平台、开展个人养老金资金账户业务的商业银行、基金管理人和基金销售机构等机构建立系统连接和数据交互。

中国结算等机构应当妥善保存相关数据，遵守个人信息保护和数据保密等要求，不得篡改、毁损或者泄露，除法律法规以及中国证监会另有规定或者认可外，中国结算等机构不得向第三方提供相关数据。

第二十六条 基金管理人、基金销售机构应当与基金行业平台建立系统连接，按照基金行业平台相关业务规则及技术规范要求与基金行业平台交互相关业务数据，并确保数据的完整性、准确性、安全性、及时性。

第二十七条 基金行业平台与开展个人养老金资金账户业务的商业银行进行数据交互，具体内容包括：

（一）个人养老金资金账户信息、账户状态信息等；

（二）个人养老金投资基金业务的资金划付指令、交收结果等资金信息；

（三）中国证监会认可的其他信息。

第二十八条 基金行业平台按照个人养老金相关制度要求向信息平台报送个人养老金投资基金业务相关数据。

基金行业平台应当建立健全数据统计分析制度，并定期向中国证监会、人力资源社会保障部等部门报送个人养老金投资基金业务运行情况。

第六章 监督管理

第二十九条 中国证监会加强与人力资源社会保障部、财政部、国家税务总局、中国银保监会等部门的沟通配合，建立信息共享机制，不断完善监管安排，加强监管协调。

第三十条　中国证监会及其派出机构依据法律法规对基金管理人、基金销售机构等机构开展个人养老金投资基金业务的情况进行定期或者不定期检查，基金管理人、基金销售机构等机构应当予以配合。

第三十一条　中国证监会及其派出机构定期对基金管理人、基金销售机构开展个人养老金投资基金业务情况进行动态监管，包括个人养老金基金投资运作情况、销售保有规模、投资人长期收益、客户服务能力等。相关结果应用于基金管理人分类评价、业务创新评估等，不合格的个人养老金基金或者基金销售机构从名录中移出。

第三十二条　基金管理人、基金托管人、基金销售机构、基金评价机构等机构违反法律法规和本规定的，中国证监会、中国银保监会根据《运作办法》《托管办法》《销售办法》《证券投资基金评价业务管理暂行办法》等规定，对有关机构和人员采取行政监管措施；依法应予行政处罚的，依照有关规定进行行政处罚；涉嫌犯罪的，移送司法机关，追究刑事责任。

第七章　附　则

第三十三条　基金管理人及其销售子公司办理该基金管理人募集的个人养老金基金销售相关业务的，应当符合本规定第十八条至第二十四条的要求。

第三十四条　个人养老金投资基金业务的投资顾问服务管理规范，由中国证监会另行制定。

第三十五条　本规定自公布之日起施行。

附件五　个人养老金基金行业平台运作管理暂行办法

个人养老金基金行业平台运作管理暂行办法

（中国结算发字〔2022〕106号）

第一条　为规范个人养老金基金行业平台（以下简称基金行业平台）相关业务开展，保护投资人合法权益，根据《中华人民共和国证券投资基金法》《国务院办公厅关于推动个人养老金发展的意见》《个人养老金实施办法》《公开募集证券投资基金运作管理办法》《公开募集证券投资基金销售机构监督管理办法》《个人养老金投资公开募集证券投资基金业务管理暂行规定》等法律、行政法规及部门规章的规定，制定本办法。

第二条　本办法所称基金行业平台，是指中国证券登记结算有限责任公司（以下简称本公司）根据中国证监会授权建设、运营并管理的，为个人养老金投资公开募集证券投资基金（以下简称基金）业务提供支持的信息服务平台。

第三条　资金账户行（指开展个人养老金资金账户业务的商业银行）、基金管理人、基金销售机构等个人养老金投资基金业务参与主体开展基金行业平台相关业务，适用本办法。

本公司可以依据本办法，制定相关业务指引和技术规范，规范基金行业平台各相关方业务关系、业务办理流程及数据交互方式等具体事项。

第四条　经相关金融监管部门确定可以参与个人养老金相关业务的资金账户行、基金管理人、基金销售机构等在开展基金行业平台相关业务前，应当向本公司申请接入基金行业平台，成为平台参与机构。平台参与机构发生被中国证监会移出名录等情形的，应当及时向本公司申请关闭基金行业平台相关业务权限或者退出基金行业平台。

本公司有权根据中国证监会相关要求，关闭平台参与机构在基金行业平台的相关业务权限或者将平台参与机构移出基金行业平台。

第五条　平台参与机构在开展个人养老金投资基金业务过程中，应当按照有关法律法规要求，认真履行相关职责，采取有效措施落实个人养老金资金、资产安全封闭运行的有关规定，切实做好投资人个人信息保护工作，确保各项业务依法合规开展。

第六条　平台参与机构通过基金行业平台开展业务，应当严格遵守本公司制定的相关数据接口、交互时点等技术规范要求。对于未按照相关要求报送的数据，本公司有权不予处理。

第七条　对被中国证监会确定为个人养老金基金的基金产品，其基金管理人在开展基金行业平台相关业务前，应当向本公司申请为该基金办理基金行业平台产品接入手续。基金发生被中国证监会移出名录等情形的，基金管理人应当及时向本公司申请为该基金办理关闭基金行业平台相关业务权限或者退出基金行业平台手续。

本公司有权根据中国证监会相关要求，关闭基金在基金行业平台的相关业务权限或者将基金移出基金行业平台。

第八条　基金销售机构应当协助首次参与个人养老金投资基金业务的投资人，向基金行业平台申请开立基金行业平台账户

（以下简称平台账户）。基金行业平台根据相关申请，为投资人开立唯一的平台账户，作为记录其参与个人养老金投资基金业务情况的载体，并记录平台账户与投资人个人养老金账户、个人养老金资金账户间的关联关系。基金销售机构应当提醒并及时协助身份信息、联系方式、个人养老金资金账户等信息发生变化的投资人，向基金行业平台申请更新相关信息。

第九条 已接入基金行业平台的资金账户行，应当配合对投资人办理平台账户业务过程中涉及的个人养老金资金账户等信息予以核验，并向基金行业平台反馈该投资人个人养老金账户等相关信息。

第十条 基金行业平台为平台参与机构开展个人养老金投资基金相关业务提供数据流转服务。对于数据发出方发出的符合相关数据接口、交互时点等技术规范要求的数据，接收方应当及时予以处理、反馈。

第十一条 基金行业平台向已接入基金行业平台的资金账户行、基金销售机构推送已接入基金行业平台的资金账户行、基金销售机构名单等数据，向已接入基金行业平台的基金销售机构推送平台接入产品名单等数据。

第十二条 已接入基金行业平台的基金管理人、基金销售机构应当按规定向基金行业平台报送其管理、销售的平台接入产品的产品信息及交易数据，并确保其报送内容的真实性、准确性、完整性、及时性、合法性。

第十三条 基金行业平台基于基金管理人、基金销售机构等平台参与机构向基金行业平台报送或者通过基金行业平台流转的数据，向人力资源社会保障部个人养老金信息管理服务平台（以下简称信息平台）报送平台参与机构信息、平台接入产品信息、投资人投资个人养老金基金相关信息等数据，向中国证监会、人力资源社会保障部等部门报送个人养老金投资基金业务运行情况。

第十四条 本公司可以基于基金管理人、基金销售机构等平台参与机构向基金行业平台报送或者通过基金行业平台流转的数据，通过中国证监会认可的途径，向投资人提供其参加个人养老金投资基金相关业务的信息查询服务。本公司提供的查询结果不具有确认投资人相关权利归属的法律效力。投资人持有个人养老金基金的情况以相关基金份额登记机构的登记结果为准。

第十五条 基金管理人销售其管理的基金，开展基金行业平台相关业务的，适用本办法基金销售机构的相关规定。

第十六条 因地震、台风、水灾、火灾、战争、疫情及其他不可抗力、不可预测或者无法控制的系统故障、设备故障、通信故障、停电等突发事故给有关当事人造成损失的，本公司不承担责任。

第十七条 本办法由本公司负责解释。

第十八条 本办法自 2022 年 11 月 4 日起施行。

附件六　个人养老金基金行业平台业务指引

个人养老金基金行业平台业务指引

（中国结算业字〔2022〕1号）

第一章　总　则

第一条　为规范个人养老金基金行业平台（以下简称基金行业平台）相关业务开展，保护投资人合法权益，根据《中华人民共和国证券投资基金法》《国务院办公厅关于推动个人养老金发展的意见》《个人养老金实施办法》《公开募集证券投资基金运作管理办法》《公开募集证券投资基金销售机构监督管理办法》《个人养老金投资公开募集证券投资基金业务管理暂行规定》《个人养老金基金行业平台运作管理暂行办法》等法律法规、部门规章及业务规则的规定，制定本指引。

第二条　本指引所称基金行业平台，是指中国证券登记结算有限责任公司（以下简称本公司）根据中国证监会授权建设、运营并管理的，为个人养老金投资公开募集证券投资基金（以下简称基金）业务提供支持的信息服务平台。

第三条　资金账户行（指开展个人养老金资金账户业务的商业银行）、基金管理人、基金销售机构等个人养老金投资基金业务参与主体开展基金行业平台相关业务,适用本指引。本指引未规定的,适用本公司其他相关规定。

第二章 平台参与机构及产品管理

第一节 平台参与机构管理

第四条 资金账户行、基金管理人、基金销售机构等个人养老金投资基金业务参与主体在开展基金行业平台相关业务前,应当以法人名义向本公司申请接入基金行业平台,成为平台参与机构,并申请开通相应角色权限。

第五条 平台参与机构可以选择开通的角色权限包括资金账户行、基金管理人、基金销售机构。一个平台参与机构可以选择开通一项或者多项角色权限。

第六条 个人养老金投资基金业务参与主体申请接入平台,或者平台参与机构申请开通新的角色权限的,应当与本公司签订相关服务协议,并向本公司提交以下材料:

(一)平台参与机构接入申请表;

(二)从事个人养老金投资基金相关业务的资质证明文件复印件;

(三)营业执照复印件;

(四)法定代表人有效身份证明文件复印件;

(五)法定代表人授权经办人办理相关手续的授权委托书及经办人有效身份证明文件复印件;

(六)测试报告;

(七)本公司要求的其他材料。

第七条 申请开通基金管理人角色权限的平台参与机构应当同时申请开通基金行业平台基金管理人客户端(以下简称管理人客户端)。平台参与机构应当妥善保管用于登录管理人客户端的

U盾及用户名、密码等信息,并为通过其管理人客户端提交数据的真实性、准确性、完整性、及时性、合法性负责。

第八条 平台参与机构的机构信息发生变更的,应当及时向本公司申请办理机构信息变更手续。

平台参与机构申请变更机构名称、有效身份证明文件类型、有效身份证明文件号码等信息的,还应当向本公司提交以下材料:

(一)平台参与机构信息变更申请表;

(二)变更事项相关证明文件;

(三)营业执照复印件;

(四)法定代表人有效身份证明文件复印件;

(五)法定代表人授权经办人办理相关手续的授权委托书及经办人有效身份证明文件复印件;

(六)本公司要求的其他材料。

第九条 已开通基金销售机构角色权限的平台参与机构,发生被中国证监会移出名录等情形的,应当及时向本公司申请停止其基金销售机构角色在基金行业平台新增个人养老金投资基金业务(以下简称停止新增销售业务)。

平台参与机构某项角色在基金行业平台的相关业务均已了结,且拟不再使用该角色开展个人养老金投资基金相关业务的,应当向本公司申请关闭该角色权限。

平台参与机构各项角色权限均已关闭的,应当向本公司申请退出基金行业平台。

第十条 平台参与机构申请停止新增销售业务、关闭角色权限或者退出基金行业平台的,应当向本公司提交以下材料:

(一)平台参与机构角色权限关闭/退出申请表;

(二)营业执照复印件;

(三)法定代表人有效身份证明文件复印件;

（四）法定代表人授权经办人办理相关手续的授权委托书及经办人有效身份证明文件复印件；

（五）本公司要求的其他材料。

第十一条 本公司有权根据中国证监会要求，停止平台参与机构在基金行业平台的相关业务、关闭相关角色权限或者将平台参与机构移出基金行业平台。本公司要求相关机构补充提供有关材料的，相关机构应当配合提供。

第十二条 停止新增销售业务的平台参与机构，不得再使用基金销售机构角色为投资人办理基金行业平台账户（以下简称平台账户）开立、平台接入产品的认购、申购、定期定额申购、转托管入等业务，但是仍可以继续办理赎回、定期定额赎回、转托管出、基金转换、分红等业务。

第十三条 停止新增销售业务或者关闭角色权限的平台参与机构，可以向本公司申请恢复在基金行业平台开展相关业务或者重新开通角色权限，相关手续参照开通新角色权限相关要求办理。

退出（或被移出）基金行业平台的平台参与机构，可以重新向本公司申请接入基金行业平台，相关手续按照首次接入基金行业平台办理。

第二节 产品管理

第十四条 基金开展个人养老金投资基金业务的，基金管理人应当为其设立单独的份额类别（以下简称养老份额类别）并使用专门的基金代码。

对开展个人养老金投资基金业务的基金，其基金管理人应当于开展基金行业平台相关业务前三日前向本公司提交基金信息表等材料，申请为该基金的养老份额类别办理基金行业平台产品接入手续。

附件六 个人养老金基金行业平台业务指引

第十五条 基金养老份额类别接入基金行业平台的，基金管理人应当于规定时点前，通过管理人客户端向基金行业平台补充填报该基金养老份额类别的其他产品基本信息。

产品基本信息发生变更的，基金管理人应当及时通过管理人客户端或者直接向本公司提交申请等方式办理产品基本信息变更手续。

基金养老份额类别开展分红业务前，基金管理人应当及时通过管理人客户端填报分红业务相关信息（以下将分红业务相关信息及基金基本信息统称产品信息）。

第十六条 基金发生被中国证监会移出名录等情形的，基金管理人应当及时向本公司申请停止相关基金养老份额类别在基金行业平台开展新业务（以下简称停止展业）。

基金养老份额类别在基金行业平台的相关业务均已了结，且拟不再开展个人养老金投资基金业务的，基金管理人应当向本公司申请为该基金养老份额类别办理退出平台手续。

第十七条 本公司有权根据中国证监会要求，将相关基金养老份额类别在基金行业平台停止展业或者移出平台。本公司要求基金管理人补充提供有关材料的，基金管理人应当配合提供。

第十八条 停止展业的基金养老份额类别，不得再开展认购、申购、定期定额申购、基金转换入等业务，但是仍可以继续开展赎回、定期定额赎回、基金转换出、转托管、分红等业务。

退出（或被移出）基金行业平台的基金养老份额类别，不得再开展基金行业平台相关业务。基金管理人应当自基金养老份额类别退出（或被移出）之日起，停止向基金行业平台报送该基金养老份额类别的产品信息、净值信息及其他相关信息。

第十九条 基金管理人可以向本公司申请将停止展业的基金养老份额类别在基金行业平台恢复展业，相关手续参照基金行业平台产品接入手续办理。

第二十条　基金养老份额类别已退出（或被移出）的基金，如拟恢复开展个人养老金投资基金业务，基金管理人应当为该基金设立新的养老份额类别，并使用新的基金代码向本公司申请为新设立的基金养老份额类别办理基金行业平台产品接入手续。

第三章　平台账户管理

第一节　一般规定

第二十一条　本指引所称平台账户，是指基金行业平台根据投资人申请，为其开立的用于记录其参与个人养老金投资基金业务情况的载体。

第二十二条　基金销售机构应当根据投资人申请，协助投资人向基金行业平台申请办理平台账户开立、资料变更、信息查询、注销等平台账户相关业务。

基金销售机构协助投资人办理平台账户相关业务时，应当认真核实投资人身份，确保向基金行业平台报送的信息真实、准确、有效，并根据基金行业平台相关反馈信息，采取适当方式及时将业务办理结果告知投资人。

第二十三条　基金行业平台记录的投资人平台账户资料包括：投资人姓名、有效身份证明文件类型、有效身份证明文件号码（以下统称身份信息三要素）、有效身份证明文件有效期、性别、国籍、手机号码、其他联系方式、个人养老金账户、个人养老金资金账户（以下简称资金账户）相关信息等。

其中，资金账户相关信息包括与平台账户建立了关联关系的资金账户的账户号码、账户名称、开户行、开户行所在地、大额支付号等信息。

第二十四条　基金行业平台记录投资人在每个基金销售机构

附件六 个人养老金基金行业平台业务指引

处最近一次更新的平台账户资料（以下简称销售机构处平台账户资料），并以投资人最近一次通过任一基金销售机构更新的账户资料作为该投资人的平台账户资料。

第二十五条 同时开通了资金账户行、基金销售机构角色权限的平台参与机构，可以向本公司申请为其基金销售机构角色开通平台账户业务快捷处理功能。

对于开通了平台账户业务快捷处理功能的平台参与机构，在使用其基金销售机构角色开展平台账户业务的过程中，通过其资金账户行角色开展的相关业务，按照以下方式开展：

（一）基金销售机构提供的投资人身份信息三要素、资金账户等信息视为已经通过资金账户行核验，基金行业平台不再向资金账户行申请核验；

（二）对于应当由资金账户行向基金行业平台提供的个人养老金账户等信息，由基金销售机构代为向基金行业平台提供；

（三）基金销售机构可以于每日规定时点前将其当日受理的平台账户类业务申请以文件形式批量发送至基金行业平台，基金行业平台据此完成相应账户业务处理。

第二节 平台账户开立

第二十六条 一名投资人仅可以开立一个平台账户，但是本公司另有规定的除外。

基金行业平台以平台账户资料中的有效身份证明文件类型、有效身份证明文件号码作为识别投资人唯一性的判断标准。

第二十七条 基金销售机构应当协助首次通过本基金销售机构办理个人养老金投资基金业务的投资人，向基金行业平台报送平台账户开立申请。

已成功为投资人办理平台账户开立业务的基金销售机构，不得再次向平台报送该投资人的平台账户开立申请。基金销售机构再次向平台报送该投资人平台账户开立申请的，平台将对相应申请做失败处理。

第二十八条　基金行业平台按照以下流程对平台账户开立业务进行实时处理。

（一）基金销售机构根据投资人申请向基金行业平台提交投资人平台账户开立申请，申请中提交的投资人手机号码应当与该投资人在资金账户行处预留的手机号码保持一致。

（二）基金行业平台对基金销售机构发送的平台账户开立申请进行检查：对于申请中的资金账户已与其他投资人平台账户建立关联关系的，该笔业务做失败处理；对于检查通过的，将相关申请发送对应的资金账户行。

（三）资金账户行对相关申请进行核验，并向基金行业平台发送核验结果。对于核验通过的，资金账户行还应当向平台发送该投资人的养老金账户、资金账户状态等信息，并向投资人发送业务确认短信验证码。

（四）基金销售机构应当配合投资人，通过基金行业平台向资金账户行发送投资人收到的相关业务确认短信验证码；资金账户行对短信验证码进行核验，并将核验结果反馈至基金行业平台。

（五）对于资金账户行核验通过的开户申请，基金行业平台判断该投资人是否已开立了平台账户。

（1）对于尚未开立平台账户的投资人，基金行业平台为其开立平台账户，将平台账户号码发送对应基金销售机构及资金账户行，并根据开户申请中的信息建立该平台账户与该投资人个人养老金账户、资金账户的关联关系，记录该平台账户与该基金销售机构的对应关系。

（2）对于已开立平台账户的投资人，基金行业平台将平台账户号码发送对应基金销售机构及资金账户行。对于开户申请中的信息与该投资人当前平台账户资料不一致的，基金行业平台根据开户申请中的信息更新该投资人的平台账户资料、平台账户与资金账户的关联关系。

第三节　平台账户资料相关信息变更

第二十九条　投资人（除特殊说明外，以下所称投资人均指已开立平台账户的投资人）平台账户相关信息发生变化的，各对应基金销售机构应当分别协助投资人向基金行业平台申请对相关信息进行更新。

资金账户的账户号码及开户行发生变化的，应当通过资金账户变更业务办理；其他平台账户资料相关信息发生变化的，应当通过账户资料变更业务办理。平台账户资料中的个人养老金账户号码不得变更。

第三十条　基金行业平台按照以下流程对资金账户变更业务进行实时处理。

（一）基金销售机构核验投资人资金账户在该基金销售机构处没有在途业务后，可以根据投资人申请向平台提交资金账户变更申请。

（二）基金行业平台对基金销售机构发送的资金账户变更申请进行检查：如该投资人平台账户在该基金销售机构处当日发生扣款业务，则基金行业平台对该笔资金账户变更申请做失败处理；对于检查通过的，基金行业平台将相关申请发送变更后资金账户对应的资金账户行。

（三）资金账户行对相关申请进行核验，并将核验结果发送至基金行业平台。对于核验通过的，资金账户行还应当向基金行业平台发送该投资人的养老金账户、变更后的资金账户状态等信息，并向投资人发送业务确认短信验证码。

（四）基金销售机构应当配合投资人，通过基金行业平台向资金账户行发送投资人收到的相关业务确认短信验证码；资金账户行对短信验证码进行核验，并将核验结果反馈至基金行业平台。

（五）对于资金账户行核验通过的资金账户变更申请，基金行业平台据此变更该投资人平台账户资料及该销售机构处平台账户资料，并分别向原资金账户及变更后的资金账户对应的资金账户行发送相关变更结果。

（六）基金行业平台向基金销售机构发送资金账户变更申请处理结果。

资金账户变更业务处理成功后，投资人不得再使用原资金账户开展平台接入产品的认购、申购、定期定额申购业务，但是仍可以继续开展赎回、定期定额赎回、分红等业务。

第三十一条　基金销售机构应当选择以下两种处理方式之一为投资人办理资金账户变更业务，并将所选择的处理方式通过资金账户变更业务申请发送至基金行业平台：

（一）变更投资人原有交易账户关联的结算账户；

（二）为该投资人开立新的交易账户，并将变更后的资金账户设置为该交易账户的结算账户。

其中，选择采用变更投资人原有交易账户关联的结算账户方式处理的基金销售机构，应当通过份额调整业务向基金行业平台报送结算账户发生调整的基金份额信息。

第三十二条　基金行业平台按照以下流程对平台账户资料变更业务进行实时处理。

（一）基金销售机构根据投资人申请向基金行业平台提交平台账户资料变更申请。

（二）基金行业平台判断变更申请是否涉及投资人身份信息

三要素变更。对于涉及投资人身份信息三要素变更的变更申请，如变更后的身份信息三要素已开立了平台账户，且账户状态正常，则基金行业平台对该笔申请做失败处理。

（三）基金行业平台判断变更申请是否涉及投资人身份信息三要素、资金账户名称、手机号码（以下统称需资金账户行核验信息）变更。对于涉及需资金账户行核验信息变更的变更申请，基金行业平台将相关信息发送给对应资金账户行进行核验。

（四）对于不涉及需资金账户行核验信息的变更申请或者经资金账户行核验通过的变更申请，基金行业平台据此变更该投资人平台账户资料及该销售机构处平台账户资料。

（五）基金行业平台向基金销售机构发送平台账户资料变更申请处理结果。

第四节 平台账户注销及销售机构对应关系撤销

第三十三条 对于持有平台接入产品份额为零，且没有在途业务的平台账户，基金销售机构可以根据投资人申请，协助投资人向基金行业平台申请注销平台账户。平台账户有多个对应基金销售机构的，各基金销售机构应当分别协助投资人向基金行业平台申请注销平台账户。

第三十四条 投资人死亡的，基金销售机构可以根据投资人个人养老金资金账户内资产的继承人等相关当事人申请，协助其向基金行业平台申请注销相关平台账户。

第三十五条 基金行业平台按照以下流程对平台账户注销业务进行实时处理。

（一）基金销售机构在核验投资人在该基金销售机构处持有的平台接入产品份额为零，且没有在途业务后，可以根据投资人申请向基金行业平台提交平台账户注销申请。

（二）基金行业平台对基金销售机构发送的平台账户注销申

请进行检查。检查通过的，基金行业平台检查该平台账户是否与其他基金销售机构存在对应关系，如存在，则仅撤销该平台账户与该基金销售机构的对应关系；如不存在，则撤销该平台账户与该基金销售机构的对应关系，并注销该平台账户。

（三）基金行业平台将账户注销业务处理结果发送基金销售机构及对应资金账户行。基金销售机构应当及时将处理结果告知投资人。

第三十六条 平台账户注销后，不可恢复。基金销售机构可以根据投资人申请，协助投资人申请开立新的平台账户。

第四章 平台数据服务

第一节 一般规定

第三十七条 基金行业平台为平台参与机构提供个人养老金投资基金相关业务数据流转、平台数据推送及信息查询等服务，并按规定向人力资源社会保障部个人养老金信息管理服务平台（以下简称信息平台）报送相关数据，向中国证监会、人力资源社会保障部等部门报送个人养老金投资基金业务运行情况。

第三十八条 平台参与机构使用基金行业平台数据服务的，应当严格遵守本公司制定的相关数据接口、交互时点等技术规范要求，并及时对接收到的数据予以处理和反馈。

第三十九条 对于平台参与机构发送的不符合技术规范要求的数据，本公司有权不予处理。对于平台参与机构未按照要求于规定时点前发送至基金行业平台的数据，基金行业平台有权按照该机构已发送空文件等方式处理。

第二节 数据流转服务

第四十条 基金行业平台为平台参与机构间交互个人养老金投资基金相关业务数据提供数据流转服务。基金行业平台提供数

附件六 个人养老金基金行业平台业务指引

据流转服务的范围包括资金划付指令及交收结果、投资人资金信息查询申请及反馈信息等。

平台参与机构可以根据业务开展需要自行选择是否通过基金行业平台提供的数据流转服务进行数据交互。

第四十一条 基金行业平台在提供数据流转服务的过程中仅对相关数据进行格式检查，不实际参与业务，不对业务数据的真实性、准确性、完整性、合法性负责。

第四十二条 资金账户行、基金销售机构通过基金行业平台数据流转服务进行资金划付指令及交收结果数据交互的，应当按照以下流程办理。

（一）基金销售机构根据投资人当日认购、申购、定期定额申购业务申请及撤销申请情况，将相应资金划付指令发送至基金行业平台。基金行业平台将相关数据实时转发对应的资金账户行，并将资金账户行反馈的相应处理结果转发基金销售机构。

（二）资金账户行于每日规定时点前，将其当日接收到的全部资金划付指令处理情况汇总发送至基金行业平台。基金行业平台将相关数据文件转发对应基金销售机构。

（三）基金销售机构于每日规定时点前，将其应当于当日完成划付的款项（包括因认购、申购、定期定额申购失败等原因导致的退款及因赎回、分红等业务产生的应付款项）的汇总及明细数据对账文件发送至基金行业平台，基金行业平台将相关数据文件转发对应资金账户行。

（四）资金账户行于每日规定时点前，将其当日完成处理的款项入账结果（包括因认购、申购、定期定额申购失败等原因导致的退款及因赎回、分红等业务产生的应付款项）发送至基金行业平台，基金行业平台将相关数据文件转发对应基金销售机构。

（五）资金账户行于每日规定时点前，将其应当于当日完成划付的款项（包括因基金认购、申购、定期定额申购等业务产生的应付款项）的汇总及明细数据对账文件发送至基金行业平台，基金行业平台将相关数据文件转发对应基金销售机构。

第四十三条　资金账户行、基金销售机构通过基金行业平台数据流转服务进行投资人资金信息查询申请及反馈信息数据交互的，应当按照以下流程办理：

（一）基金销售机构将投资人资金信息（包括缴费剩余额度、资金余额等）查询申请发送至基金行业平台，申请中应当包含投资人平台账户、资金账户及开户行等信息；

（二）基金行业平台将查询申请实时转发对应资金账户行，并将资金账户行反馈的查询处理情况及查询结果（如有）转发对应基金销售机构。

第三节　平台数据推送及信息查询服务

第四十四条　基金行业平台每日向资金账户行、基金销售机构发送已接入平台的资金账户行、基金销售机构名单。

第四十五条　基金行业平台每日向基金销售机构发送平台接入产品名单。

第四十六条　基金行业平台每日向基金销售机构发送与其相关的平台账户资料增量对账数据。

第四十七条　基金销售机构可以向基金行业平台申请查询平台账户业务办理情况，基金行业平台实时反馈相应查询结果。

第四十八条　基金销售机构可以向基金行业平台申请查询投资人平台账户与基金账户、交易账户、资金账户间的关联关系建立情况，基金行业平台实时反馈相应查询结果。

第四十九条　资金账户行可以向基金行业平台申请查询其为投资人开立的资金账户的相关交易账户（即结算账户为该资金账户的交易账户）是否持有平台接入产品份额，基金行业平台实时反馈相应查询结果,查询结果不包含具体持有的份额数量。

第四节 数据报送

第五十条 基金行业平台基于平台参与机构报送的数据记录、更新投资人平台账户与其用于开展个人养老金投资业务的基金账户、交易账户、资金账户间的关联关系及投资人个人养老金投资基金情况,并向信息平台报送平台参与机构信息、平台接入产品信息、投资人投资个人养老金基金相关信息等数据,向中国证监会、人力资源社会保障部等部门报送个人养老金投资基金业务运行情况。

第五十一条 基金管理人、基金销售机构应当按照规定向基金行业平台报送其开展个人养老金投资基金相关业务数据,并确保其报送数据内容的真实性、准确性、完整性、及时性、合法性。

第五十二条 基金销售机构应当于每日规定时点前向基金行业平台报送当日平台账户类业务申请汇总、账户对应关系、交易申请汇总、交易确认、分红及份额对账等数据文件,并及时接收、检查基金行业平台反馈的结果,如对相关结果有疑义的,应当及时联系本公司核实。

第五十三条 基金管理人应当自基金养老份额类别接入平台之日起,每日向基金行业平台发送该养老份额类别的净值信息。

基金管理人可以向本公司申请,将其管理的平台接入产品的份额登记机构及相关基金销售机构通过公募基金行业注册登记数据中央交换平台交换的基金业务数据用于向基金行业平台的净值信息报送,但是相关报送责任仍由基金管理人承担。

第五章 附 则

第五十四条 除特殊说明外,本指引中所述日均指交易日。

第五十五条 基金管理人销售其管理的基金,开展基金行业平台相关业务的,适用本指引基金销售机构的相关规定。

第五十六条 本指引由本公司负责解释。

第五十七条 本指引自 2022 年 11 月 4 日起施行。

附件七 商业银行和理财公司个人养老金业务管理暂行办法

中国银保监会关于印发商业银行和理财公司个人养老金业务管理暂行办法的通知

银保监规〔2022〕16号

各银保监局，各大型银行、股份制银行、理财公司，各保险集团（控股）公司、保险公司、保险资产管理公司、养老金管理公司，中国银行保险信息技术管理有限公司、银行业理财登记托管中心有限公司：

为推进多层次、多支柱养老保险体系建设，促进商业银行和理财公司个人养老金业务发展，现将《商业银行和理财公司个人养老金业务管理暂行办法》（以下简称《暂行办法》）印发给你们，并就有关事项通知如下：

一、切实提高思想认识。开展个人养老金业务，是践行金融工作人民性的重要举措。各参与机构应提高思想认识，坚持以人民为中心的发展思想，丰富个人养老金产品供给，切实满足人民群众多样化养老需求，助力第三支柱养老保险体系健康发展。

二、积极开展筹备工作。截至2022年三季度末，一级资本净额超过1 000亿元、主要审慎监管指标符合监管规定的全国性商业银行和具有较强跨区域服务能力的城市商业银行，可以开办个人养老金业务。截至 2022 年三季度末已纳入养老理财产品试点范围的理财公司，可以开办个人养老金业务。理财公司应当按照《暂行办法》要求制定开办个人养老金业务方案，对拟参与个人养老金运行的理财产品开展可行性评估，并将业务方案报送银保监会。商业银行、理财公司应当履行主体责任，尽快完成业务筹备工作，确保制度建设、人员配备、系统对接等满足个人养老金业务需求。

三、及时报告业务开展情况。商业银行、理财公司应当在正式开办个人养老金业务后 10 日内向其直接监管责任单位报告制度建设、人员配备、系统对接、产品管理等情况。银保监会及其派出机构应当持续监测个人养老金业务运行情况和风险状况，督促商业银行、理财公司稳妥有序开展个人养老金业务。

四、商业银行、理财公司在国家有关部门选定的个人养老金制度试行城市开展业务，后续按照国家有关规定逐步推开。

中国银保监会
2022 年 11 月 17 日

商业银行和理财公司
个人养老金业务管理暂行办法

第一章　总　　则

第一条　为推进第三支柱养老保险体系建设，规范商业银行和理财公司个人养老金业务，根据《中华人民共和国商业银行法》《中华人民共和国银行业监督管理法》《中华人民共和国保险法》等法律法规以及《国务院办公厅关于推动个人养老金发展的意见》(国办发〔2022〕7 号)，制定本办法。

附件七　商业银行和理财公司个人养老金业务管理暂行办法

第二条　本办法所称个人养老金业务，是指商业银行和理财公司按照国家有关规定开展、市场化运营、政府提供政策支持、实现养老保险补充功能的业务。

第三条　本办法所称参加人，是指符合国家有关规定，在中国境内参加城镇职工基本养老保险或者城乡居民基本养老保险的劳动者。

第四条　本办法所称个人养老金资金账户（以下简称资金账户），是指具有个人养老金缴费、交易资金划转、收益归集、支付和缴纳个人所得税、信息查询等功能的特殊专用账户，参照个人人民币银行结算账户项下Ⅱ类户管理（以下简称Ⅱ类户）。未达到国家规定领取条件的，资金账户封闭运行。

第五条　本办法所称个人养老金产品，是指符合金融监管机构要求，运作安全、成熟稳定、标的规范、侧重长期保值的金融产品。包括个人养老储蓄、个人养老金理财产品、个人养老金保险产品、个人养老金公募基金产品等。

第六条　中国银行保险信息技术管理有限公司和银行业理财登记托管中心有限公司分别建立个人养老金银行保险行业信息平台（以下简称银保行业平台）和个人养老金理财产品行业信息平台（以下简称理财行业平台）。

银保行业平台和理财行业平台按照个人养老金制度要求和实际业务情况，与人力资源社会保障部建立的个人养老金信息管理服务平台（以下简称人社信息平台），银保监会确定可开展个人养老金业务的商业银行、理财公司，以及其他经金融监管机构确定的个人养老金产品发行、销售、托管等机构建立系统对接，为个人养老金业务提供支持，并制定行业平台业务细则。

第七条　商业银行、理财公司应当建立健全消费者权益保护机制，完善消费者权益保护内部考核体系，构建便捷高效的投诉处理渠道，将消费者权益保护要求嵌入个人养老金业务全流程管理体系。

第八条 开办个人养老金业务的商业银行和理财公司名单由银保监会确定。银保监会及其派出机构依照本办法，对商业银行和理财公司个人养老金业务经营活动进行监督管理。

第二章 商业银行个人养老金业务

第一节 一般规定

第九条 商业银行个人养老金业务包括：

（一）资金账户业务；

（二）个人养老储蓄业务；

（三）个人养老金产品代销业务，包括代销个人养老金理财产品、个人养老金保险产品、个人养老金公募基金产品等，国务院金融监管机构另有规定的除外；

（四）个人养老金咨询业务；

（五）银保监会规定的其他个人养老金业务。

第十条 开办个人养老金业务的商业银行应当建立个人养老金业务管理系统，与人社信息平台、银保行业平台、理财行业平台对接，取得验收合格意见或符合相关要求。

商业银行应当定期对个人养老金业务管理系统开展技术评估，确保基础设施水平、网络承载能力、技术人员保障能力、运营服务能力与业务规模相匹配。

第十一条 商业银行应当建立健全个人养老金业务管理制度和操作规程，将个人养老金业务风险管理纳入商业银行全面风险管理体系，确保业务经营符合法律法规及相关监管规定。

商业银行负责个人养老金业务的部门以及内部审计、内控管理等职能部门应当根据职责分工，建立并有效实施个人养老金业

附件七　商业银行和理财公司个人养老金业务管理暂行办法

务内部监督检查和跟踪整改制度。

第十二条　商业银行应当建立个人养老金业务档案管理制度，按照规定保存业务相关的个人信息、缴费和养老金领取等账务交易信息，以及在个人养老金产品销售环节涉及的文件、记录等资料。

第十三条　商业银行应当通过公开渠道，公布个人养老金业务基本情况、办理要求、业务流程、服务内容、咨询和投诉方式、客户服务联系方式等信息，并提供个人养老金信息查询、交易办理等服务。

第二节　个人养老金资金账户

第十四条　商业银行提供以下资金账户服务：

（一）提供资金账户开立或指定、注销、变更服务，资金账户不受参加人持有的Ⅱ类户数量限制；

（二）提供个人养老金缴费和领取服务；

（三）可以为参加人通过其他银行账户、非银行支付机构、现金等途径缴费提供划转服务（不受Ⅱ类户非绑定账户资金转入限制），为参加人、个人养老金产品销售机构等提供与个人养老金产品交易相关的资金划转服务（不受Ⅱ类户划转金额限制）；

（四）提供资金账户信息管理服务，完整记录资金账户基础信息、缴费信息、资金结算信息、扣缴税款信息等；

（五）提供资金账户信息查询服务；

（六）银保监会规定的其他事项。

资金账户缴费上限按照国家有关规定执行，商业银行不得为参加人提供超过额度上限的缴费服务。

第十五条　商业银行对资金账户免收年费、账户管理费、短信费、转账手续费。

第十六条　个人养老金缴费归集、交易资金划转等，以资金账户为唯一载体。个人养老金产品相关交易行为涉及的资金往来，除另有规定外，应当从资金账户发起，并返回资金账户。

第十七条 资金账户可以由参加人在开办个人养老金业务的商业银行开立或指定，也可以由参加人通过其他符合规定的个人养老金产品销售机构，在开办个人养老金业务的商业银行指定，但不得由个人养老金产品销售机构直接在商业银行开立。

商业银行可以通过柜面或电子渠道为参加人办理资金账户开立或指定服务。资金账户不受六个月未发生交易暂停非柜面服务限制。

第十八条 资金账户具有唯一性，参加人只能选择一家符合条件的商业银行确定一个资金账户，商业银行只能为同一参加人开立一个资金账户。

第十九条 商业银行应当为参加人提供资金账户变更服务，并做好新旧账户衔接和旧账户注销。账户变更涉及资金转入或转出的，不受Ⅱ类户划转金额限制。因账户变更导致旧账户资金转入新账户的，资金转入不计入当年缴费额度。

资金账户发生缴存业务当日，商业银行不得办理账户变更手续。账户变更期间，原资金账户不允许办理缴存、投资以及支取等业务。

第二十条 参加人向商业银行申请开立资金账户，可以由本人办理或委托他人办理，也可以委托在职单位批量办理。

参加人委托他人或单位开立资金账户后，应当按照账户实名制要求，及时办理账户激活手续并设置交易密码。

第二十一条 代理开立资金账户的，商业银行应当要求代理人提供代理人、被代理人有效身份证件的复印件、合法的授权委托书等。商业银行对代理人身份信息的核验应比照本人申请开立资金账户进行，并联系被代理人进行核实。无法确认代理关系

附件七　商业银行和理财公司个人养老金业务管理暂行办法

的，商业银行不得办理该资金账户开立业务。

商业银行应当登记代理人和被代理人的身份信息，留存代理人和被代理人有效身份证件的复印件或影印件、以电子方式存储的身份信息以及授权委托书原件等，有条件的可以留存开户过程的音频或视频等资料。

第二十二条　单位代理职工开立资金账户的，应当提供单位证明材料、被代理人有效身份证件的复印件或影印件等材料。

单位代理开立资金账户的，在参加人持本人有效身份证件到开户银行营业网点办理身份确认、密码设（重）置等激活手续前，商业银行可以向参加人提供资金转入、产品购买等服务，但不得提供资金领取服务。

第二十三条　商业银行开立资金账户，应当严格落实个人账户实名制要求，做好客户身份信息收集与核查、反洗钱和反恐怖融资筛查、涉赌涉诈筛查等，并完成手机短信验证等必要身份核验工作。

商业银行为参加人办理在线开户服务时，应当将相关有效的生物特征识别技术或其他安全有效的技术作为身份核验的辅助手段，核实身份信息。

第二十四条　商业银行开立资金账户，应当登记开户人的基本信息、辅助身份证明文件信息、核验记录等，以电子或纸质方式留存开户人身份信息。

第二十五条　商业银行应当加强异常开户行为审核，有下列情形之一的，不应办理开户手续：

（一）对单位和个人身份信息存在合理疑问，要求出示其他必要的可证明身份的辅助证件，单位和个人拒绝出示的；

（二）代理开立资金账户时，无法提供单位证明、被代理人有效身份证件的复印件或影印件等材料的；

（三）有理由怀疑开立资金账户从事违法活动的。

第二十六条 商业银行发现资金账户为假名或虚假代理开户的，应当对该资金账户予以临时止付，重新进行身份识别，并在征得被冒用人或被代理人同意后予以销户。账户资金列入专户管理。重新进行身份识别后确定资金账户确为参加人开立的，应当及时解除临时止付措施。

第二十七条 资金账户封闭运行。符合国家规定的领取条件后，经参加人提出，商业银行审核并报人社信息平台核验，可以为参加人办理按月、分次或一次性领取服务，将资金划转至参加人本人社会保障卡银行账户。资金领取时，不受Ⅱ类户转出金额限制。

参加人身故的，资金账户的资产可以依法被继承，商业银行按照继承人要求办理产品赎回等。参加人因出国（境）定居、身故等原因，无社会保障卡的，商业银行审查后，在符合有关规定的前提下，可以将资金账户内资金转移至参加人本人或继承人指定的其他银行账户。

第二十八条 存在以下情形的，商业银行应当注销资金账户：

（一）资金账户已变更，相关资产已转移完成的；

（二）参加人达到养老金领取条件，相关资金已领取完毕，且完成个人所得税代扣代缴的；

（三）法律法规或银保监会规定的其他情形。

在发生前款第（一）项和第（二）项情形时，商业银行应当告知参加人。

第二十九条 商业银行应当在网络查控平台、电子化专线信息传输系统等相关平台和系统对资金账户进行特殊标识，并作出在符合国家规定的领取条件前，限制冻结、扣划的设置。

附件七　商业银行和理财公司个人养老金业务管理暂行办法

第三节　个人养老金产品

第三十条　银保监会及其派出机构对个人养老储蓄、个人养老金理财等个人养老金产品进行动态监管，对不满足个人养老金业务监管要求的产品实施退出。

第三十一条　商业银行发行与代销的个人养老金产品，应当符合金融监管机构有关规定。商业银行不得向参加人推荐和销售不符合金融监管机构规定的个人养老金产品。

第三十二条　商业银行应当为金融监管机构确定的个人养老金产品提供投资交易和购买服务，并做好产品交易信息核对。资金账户的资金只能用于购买金融监管机构确定的个人养老金产品，无法确认是否在购买范围内或缺少销售机构等必要信息的，不允许办理交易手续。

商业银行应当按照产品交易规则，为参加人提供个人养老金产品的各类交易、查询等服务。商业银行向参加人提供的个人养老金产品信息，包括但不限于管理人或保险人情况、投资策略、投资范围、历史投资业绩、保险责任、除外责任等。

参加人自主选择购买个人养老金产品，并依法承担投资风险。

第三十三条　商业银行应当按照监管规定，对其发行和代销的个人养老金产品按照统一制度、标准、流程进行管理。商业银行应当建立健全内部管理制度，包括合作机构管理、产品准入管理、投资人适当性管理、销售管理、全面风险管理、信息披露和保密管理、投诉和应急处理、销售系统支持等，并及时对存在严重违规行为、重大风险或其他不符合合作标准的机构与产品实施退出。

第三十四条　商业银行应当建立利益冲突防范机制，公平对待符合规定的个人养老金产品发行机构和销售机构。

第三十五条 开办个人养老金业务的商业银行所发行的储蓄存款（包括特定养老储蓄，不包括其他特定目的储蓄）可纳入个人养老金产品范围，由参加人通过资金账户购买。参加人仅可购买其本人资金账户开户行所发行的储蓄产品。

第三十六条 资金账户开户行可开办个人养老金咨询业务，为参加人提供个人养老金产品投资咨询服务。个人养老金咨询业务所涉及的产品标的，应当为金融监管机构确定的个人养老金产品。涉及个人养老金公募基金产品的，还应当符合证监会有关规定。

第三章 理财公司个人养老金业务

第三十七条 本办法所称个人养老金理财产品是指符合金融监管机构相关监管规定，由符合条件的理财公司发行的，可供资金账户投资的公募理财产品。

个人养老金理财产品应在销售文件中明确标识"个人养老金理财"字样。

第三十八条 理财公司作为个人养老金理财产品发行机构，应当符合相关审慎监管要求，建立完善、有效的公司治理、内部控制和风险管理体系，制定完备的个人养老金理财产品内部管理制度，具备与开展个人养老金理财业务相适应的信息系统，与理财行业平台对接，能够提供相应的技术支持和运营保障。

理财公司可以销售本机构发行的个人养老金理财产品。

第三十九条 个人养老金理财产品应当符合法律法规及相关监管规定，具备运作安全、成熟稳定、标的规范、侧重长期保值等特征，包括：

（一）养老理财产品；

（二）投资风格稳定、投资策略成熟、运作合规稳健，适合

附件七　商业银行和理财公司个人养老金业务管理暂行办法

个人养老金长期投资或流动性管理需要的其他理财产品；

（三）银保监会规定的其他理财产品。

第四十条　个人养老金理财产品允许投资者通过资金账户购买的同时，还允许通过其他账户购买的，应符合以下要求：

（一）针对通过资金账户购买份额设置单独的份额类别，并在销售文件中进行明确标识；

（二）公平对待通过资金账户或其他账户购买的所有投资者。

第四十一条　开办个人养老金业务的商业银行应当建设与个人养老金理财产品相适应的信息系统，与理财行业平台对接，根据人社信息平台和理财行业平台发布的信息，通过适当方式向参加人完整披露个人养老金理财产品名单，保障参加人的合法权益。

第四十二条　对于本办法施行后新发行的个人养老金理财产品，理财公司应当委托与本机构不存在关联关系且符合以下条件的商业银行为其提供托管服务：

（一）具有全国社会保障基金、基本养老保险基金和企业年金基金托管业务资格；

（二）具有养老理财产品托管业务经验；

（三）具备与托管个人养老金理财产品相适应的信息系统，与理财行业平台对接，能够提供相应的技术支持和运营保障；

（四）银保监会规定的其他条件。

第四十三条　个人养老金理财产品发行机构、销售机构和托管机构在商业可持续基础上，可以对个人养老金理财产品的销售费、管理费和托管费实施一定的费率优惠。

第四十四条　个人养老金理财产品发行机构和销售机构应当引导投资者树立长期投资、合理回报的投资理念。

第四十五条　个人养老金理财产品发行机构和销售机构应当

按照法律法规及相关监管规定，通过公开渠道，真实准确、合理客观、简明扼要地披露个人养老金理财产品相关信息，不得宣传策略保本，不得承诺或宣传保本保收益。

个人养老金理财产品发行机构和销售机构为投资者提供产品份额转换、默认投资选择等服务的，应当符合个人养老金相关制度和监管规定，并向投资者充分披露信息和揭示风险。

第四十六条 个人养老金理财产品发行机构、销售机构和托管机构应当在人员数量和资质、激励和考核机制以及信息系统建设等方面给予个人养老金理财产品业务足够支持，确保业务开展具备所需要的各类资源。

个人养老金理财产品发行机构应当建立专门的个人养老金理财产品投资研究团队，优选投资经验丰富、投资业绩良好、无重大管理失当行为或重大违法违规记录的投资人员担任投资经理。

个人养老金理财产品发行机构和销售机构应当完善个人养老金理财产品内部考核机制，强化激励约束，建立兼顾收益与风险的长周期绩效考核机制，将长期投资收益等纳入投资经理和销售人员考核评价和薪酬体系。

第四章　信息报送

第四十七条 个人养老储蓄、个人养老金保险产品的信息交互和数据交换通过银保行业平台进行。个人养老金理财产品的信息交互和数据交换通过理财行业平台进行。商业银行和理财公司按照要求分别向银保行业平台和理财行业平台报送信息。

第四十八条 商业银行为参加人开立资金账户后，应当及时将以下信息报送至银保行业平台：

（一）个人基本信息，包括个人身份信息、资金账户信息等；

（二）产品投资信息，包括产品交易信息、资产信息等；

附件七 商业银行和理财公司个人养老金业务管理暂行办法

（三）资金信息，包括缴费信息、资金划转信息、相关资产转移信息、领取信息、资金余额信息、缴纳个人所得税信息等。

第四十九条 涉及个人养老金理财产品的，商业银行或理财公司应当及时将以下信息报送至理财行业平台：

（一）由商业银行和直接销售个人养老金理财产品的理财公司报送个人基本信息；

（二）由商业银行报送资金信息，包括缴费信息、资金划转信息、相关资产转移信息、领取信息、资金余额信息、缴纳个人所得税信息等；

（三）由提供托管服务的商业银行报送产品托管信息；

（四）由理财公司报送产品投资信息，包括产品交易信息、资产信息、投资者交易明细和持仓情况等。

第五十条 根据业务流程和信息时效性需要，商业银行按照实时、定期批量两类时效，向银保行业平台报送信息，其中：

（一）商业银行办理资金账户开立、变更、注销等服务时，应当实时报送信息；

（二）商业银行办理完资金账户缴费、资金领取，以及个人养老金产品相关交易服务后，应当定期批量报送信息；

（三）商业银行发行个人养老储蓄和代销个人养老金保险产品的，应当定期批量报送信息。

第五十一条 涉及个人养老金理财产品交易的，商业银行应当将资金账户变更、注销等账户信息以及个人养老金理财产品相关交易信息实时报送理财行业平台，将资金账户缴费、领取等资金信息定期批量报送理财行业平台。理财公司应当将发行的个人养老金理财产品及销售机构、托管机构、投资者信息定期批量报送理财行业平台。

第五十二条 发生可能对资金账户和个人养老金产品运营产

生重大影响的事件时，商业银行应当立即将事件起因、现状和可能产生的后果等，报告相关金融监管机构和人力资源社会保障部门，并积极采取应对措施。

第五十三条　商业银行开展个人养老金业务，发现参加人有涉嫌洗钱、逃避税收管理等违法违规行为的，应当按照国家有关规定及时向相关部门报告。

第五十四条　商业银行、理财公司、银保行业平台、理财行业平台应当于每年1月31日前，向银保监会或其派出机构报送上一年度个人养老金业务情况报告。

第五章　监督管理

第五十五条　银保监会根据本办法，向社会公布可开办个人养老金业务的商业银行和理财公司名单。理财行业平台定期向社会公布个人养老金理财产品名单。

第五十六条　银保监会对开办个人养老金业务的商业银行和理财公司进行持续监管。对于不满足个人养老金业务监管要求的商业银行和理财公司，银保监会及其派出机构有权责令该机构改正。逾期未改正或存在其他严重情节的，银保监会及其派出机构有权停止该机构新开展个人养老金业务，并视情况将其移出名单。对于不满足监管要求的个人养老金理财产品，将不定期移出名单。

商业银行被停止新开展个人养老金业务期间，应当做好存量业务缴费、产品转换、个人养老金领取等服务和数据报送工作。

理财公司被停止新开展个人养老金业务期间，应当暂停已发行个人养老金理财产品的申购。

个人养老金理财产品被移出名单后，理财公司和个人养老金理财产品销售机构应当暂停该产品申购并妥善处理，充分保障投资者合法权益。

附件七　商业银行和理财公司个人养老金业务管理暂行办法

第五十七条　商业银行有下列行为之一的，由银保监会及其派出机构依照有关法律法规，对商业银行和（或）直接负责的董事、高级管理人员和其他直接责任人员采取相应措施：

（一）未建立或执行资金账户相关业务管理、操作规程、风险防控、信息保密等制度的；

（二）违反规定为个人办理资金账户开立、变更、个人养老金缴费及领取、个人养老金产品销售等业务的；

（三）未按规定对资金账户开户申请人身份信息进行审核和验证，造成虚假开户或冒用开户的；

（四）未按规定及时向人社信息平台和银保行业平台、理财行业平台报送信息的；

（五）其他违反本办法及有关规定的行为。

第五十八条　商业银行工作人员泄露资金账户信息等内容的，按照有关法律法规等进行处罚。构成犯罪的，依法追究刑事责任。

第五十九条　商业银行应当审慎经营资金账户业务，若因违反规定等被移出可开办个人养老金业务机构名单，或商业银行因解散、被撤销和被宣告破产而终止的，其资金账户及资金应转让给其他开办个人养老金业务的商业银行。

不能与其他商业银行达成转让协议的，由银保监会按照有关法律法规，将资金账户及资金有序转至其他可开办个人养老金业务的商业银行。

第六章　附　则

第六十条　资金账户与个人人民币银行结算账户项下Ⅱ类户有关管理要求不一致的，按照本办法执行。

第六十一条　本办法由银保监会负责解释。

第六十二条　本办法自印发之日起施行。

附件八　关于保险公司开展个人养老金业务有关事项的通知

中国银保监会关于保险公司开展个人养老金业务有关事项的通知

银保监规〔2022〕17号

各银保监局，各人身保险公司，中国银行保险信息技术管理有限公司：

为推进多层次、多支柱养老保险体系建设，促进保险公司开展个人养老金业务，根据《中华人民共和国保险法》等法律法规和《国务院办公厅关于推动个人养老金发展的意见》（国办发〔2022〕7号），现就有关事项通知如下：

一、保险公司应当落实个人养老金制度要求，提供简明易懂、安全稳健、长期保值增值的商业养老保险，健全客户权益保护机制，满足人民群众日益增长的多样化养老需求。

二、符合以下条件的保险公司可以开展个人养老金业务：

（一）上年度末所有者权益不低于50亿元且不低于公司股本（实收资本）的75%；

（二）上年度末综合偿付能力充足率不低于150%、核心偿付能力充足率不低于75%；

（三）上年度末责任准备金覆盖率不低于100%；

（四）最近4个季度风险综合评级不低于B类；

（五）最近3年未受到金融监管机构重大行政处罚；

（六）具备完善的信息管理系统，与银行保险行业个人养老金信息平台（以下简称银保行业平台）实现系统连接，并按相关要求进行信息登记和交互；

（七）银保监会规定的其他条件。

养老主业突出、业务发展规范、内部管理机制健全的养老保险公司，可以豁免第一款关于上年度末所有者权益不低于50亿元的规定。

三、保险公司开展个人养老金业务，可提供年金保险、两全保险，以及银保监会认定的其他产品（以下统称个人养老金保险产品）。个人养老金保险产品应当符合以下要求：

（一）保险期间不短于5年；

（二）保险责任限于生存保险金给付、满期保险金给付、死亡、全残、达到失能或护理状态；

（三）能够提供趸交、期交或不定期交费等方式满足个人养老金制度参加人（以下简称参加人）交费要求；

（四）银保监会规定的其他要求。

四、保险公司申请个人养老金保险产品保险条款和费率审批或备案的，除规定材料外还应当提交以下材料：

（一）对上年度末所有者权益、偿付能力充足率、责任准备金覆盖率，以及最近4个季度风险综合评级情况的说明；

（二）最近3年受到金融监管机构行政处罚情况的说明；

（三）与银保行业平台对接情况的说明；

（四）对本公司个人养老金保险产品的保险条款和费率使用情况的说明。

保险公司可以通过申请变更保险条款和费率审批或备案的方

式，将现有保险产品纳入个人养老金保险产品。对于已经审批的专属商业养老保险产品，保险公司应当向银保监会报送上述说明材料，无须另行申请变更保险条款和费率审批。

五、按照本通知规定通过保险条款和费率审批或备案的产品可纳入个人养老金保险产品名单。银保行业平台应当定期公布个人养老金保险产品名单。

六、保险公司与参加人签订保险合同前，应当就以下事项专门做出说明：

（一）个人养老金制度及其税收政策；

（二）个人养老金资金账户管理要求；

（三）银保行业平台信息管理要求。

七、经参加人授权，保险公司可以依法合规提供以下服务：

（一）协助参加人在人力资源社会保障部个人养老金信息管理服务平台开立个人养老金账户；

（二）协助参加人办理个人养老金资金账户指定或者变更；

（三）将参加人相关信息在银保行业平台登记。

八、保险公司应当与参加人单独签订保险合同，并在公司相关信息系统中对该合同做出明确标识，不得接受其使用个人养老金资金账户内资金为他人投保。

九、保险公司应当加强个人养老金资金管控，个人养老金保险产品相关业务发生的各类资金往来应当符合个人养老金资金账户封闭管理要求。

十、保险公司按照合同约定的因参加人死亡、全残、达到失能或护理状态而支付的保险赔款，不返回参加人个人养老金资金账户。保险公司应当加强保险赔款信息管理，按要求向银保行业平台等报送信息。

十一、保险公司应当在自营网络平台、移动客户端等为个

附件八　关于保险公司开展个人养老金业务有关事项的通知

人养老金相关业务建立专区，提供业务咨询、权益查询、信息披露、消费投诉、教育宣传等服务。其中，保险公司提供的个人权益信息包括但不限于交费情况、现金价值，以及相关保险责任等。

十二、保险公司应当切实履行销售管理主体责任，健全管理制度体系，加强机构管理、人员管理和销售行为全流程管控。保险公司负责制作销售宣传材料并督促使用，不得授权分支机构、中介机构或个人自行制作或修改。

十三、银保监会及其派出机构应当加强对保险公司经营个人养老金相关业务的监管，对于产品管理、销售管理、投资管理、信息披露等方面发现的问题，采取风险提示、监管约谈、责令限期整改等监管措施，依法进行行政处罚。对涉嫌犯罪的，移送司法机关处理。

十四、开展个人养老金业务的保险公司应当于每年 1 月 31 日前，向银保监会及其相关派出机构报送上一年度个人养老金业务经营报告，包括经营情况、保险条款和费率审批或备案情况、资金运用情况等。

十五、中国银行保险信息技术管理有限公司负责建设并运营银保行业平台，支持保险公司承保、理赔、保全等运营操作，按照规定将银保行业平台与人力资源社会保障部个人养老金信息管理服务平台、相关金融机构建立系统连接，制定银保行业平台运营管理制度，做好信息统计和数据报送，落实数据安全责任。

中国银保监会

2022 年 11 月 21 日